Philip Nunn

Meinst du noch oder glaubst du schon?

Gute Gründe für deinen Glauben

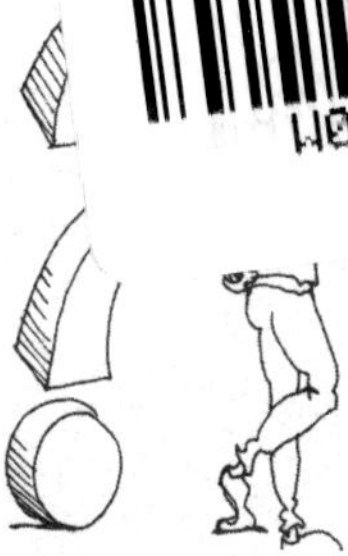

Philip Nunn

Meinst du noch oder glaubst du schon?

Gute Gründe für deinen Glauben

Philip Nunn

Meinst du noch oder glaubst du schon?

Gute Gründe für deinen Glauben

Die niederländische Originalausgabe erschien unter dem Titel „Waarom zou ik geloeven?“ bei Stichting Heart Cry

Alle Bibelstellen wurden zitiert nach:
NeÜ: bibel.heute © 2010 Karl-Heinz Vanheiden und Christliche Verlagsgesellschaft Dillenburg

1. Auflage

www.cv-dillenburg.de
Übersetzung: Marie-Christin Sawires-Masseli
Satz und Umschlaggestaltung:
Christliche Verlagsgesellschaft Dillenburg
Umschlagmotiv: Shutterstock/USBFCO
Illustration: Martine Konijn-Lemkes
Druck: GGP Media GmbH, Pößneck
Printed in Germany

Der geborene Engländer Philip Nunn lebte und arbeitete von 1992 bis 2007 zusammen mit seiner Frau in Kolumbien, wo er lehrte, seelsorgerlich aktiv war und Gemeindegründungsarbeit leistete. Heute ist die Familie Teil der christlichen Versammlung De Bron in Eindhoven, Niederlande.

Inhaltsverzeichnis

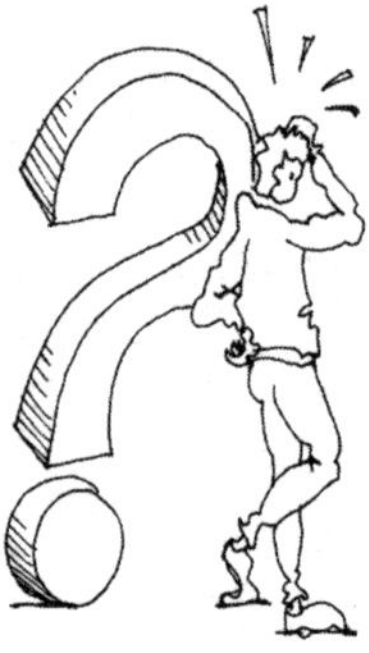

Vorwort

In der letzten Woche wurde ich gefragt: „Warum glaubst du, dass es Gott gibt?" Das ist eine gute und dazu ganz grundsätzliche Frage. Was würdest du darauf antworten? Braucht man vernünftige Gründe zum Glauben? Wenn der Gott, an den ich glaube, sich in einer für mich unerwarteten oder unverständlichen Weise verhält, dann denke ich wieder neu über die großen Fragen des Lebens nach: Ist Gott wirklich da? Was für ein Interesse hat er am Leben einzelner Menschen? Worum geht es im Leben? Wieso habe ich mich dazu entschieden, Gott und der Bibel zu vertrauen? Auf welche Weise ist Jesus Christus mein „Retter" und mein „Freund"? Wie sicher kann ich mir in Bezug auf geistliche Realitäten sein? Ist mein Glaube echt, auch wenn ich von Zeit zu Zeit mit Zweifeln zu kämpfen habe?

Wo sollen wir anfangen? Manche Leute argumentieren über „Gott und Glauben" von ihren Erfahrungen her. Sie haben etwas *Besonderes* erlebt, und das hat sie zu Gläubigen gemacht. Andere erwarten, etwas über „Gott und Glauben" zu lernen, in dem sie die verschiedenen Weltreligionen vergleichen. Ein weiterer sehr beliebter Ansatz ist ein negativer: Man versucht, „Gott und Glauben“ zu verstehen, indem man Schlussfolgerungen aus seiner Frustration über Religion und religiöse Leute zieht. Ich habe einen anderen Ansatz gewählt. Schritt für Schritt möchte ich dir zeigen, dass es einige sehr *gute Gründe* für den Glauben gibt.

Warum ist Glaube notwendig?

Wenn es um den Glauben geht, fällt mir auf, dass einige Leute damit zufrieden sind, einen blinden Glauben auszuleben. Sie hören einfach und glauben. Andere nehmen sich die Zeit, Hinweise und Fakten zu überdenken und abzuwägen, bevor sie glauben. Und wieder andere mit pragmatischer Veranlagung glauben und legen sich nur dann fest, wenn sie sehen, dass es „funktioniert“.

> Ich meine, dass der christliche Glaube funktiniert, Sinn ergibt und existentiell befriedigend ist.

Auf unserer Reise durch diese Seiten werden uns viele Ideen, Argumente und Erfahrungen begegnen. Ich hoffe, dir zeigen zu können, warum ich meine, dass der christliche Glaube funktioniert, Sinn ergibt und existenziell befriedigend ist. Ich bin mir aber auch bewusst, dass wir unseren Weg zu Gott nicht bis ins Letzte vernünftig beweisen können.

Nachdem du die Argumente untersucht und die Geschichten gelesen hast, wirst du *Hinweise* auf Gott gefunden haben, keine *Beweise*. Wie jedes andere menschliche Wesen, das bisher existiert hat, wirst du dann auch zum Glauben eingeladen, das bedeutet, eine *Entscheidung* zu treffen, die auf Hinweisen und Erfahrungen basiert, nicht auf Beweisen. Die Bibel macht klar: „Aber ohne Glauben ist es unmöglich, Gott zu gefallen“ (Hebräer 11,16). Tatsächlich ist es so: Egal, in welche Richtung du dich entscheidest zu gehen, wirst du notwendiger Weise „Glaubensschritte“ machen müssen – Glauben an irgendetwas!

Ist deine Entscheidung in Glaubenssachen wirklich wichtig? Die Bibel sagt es so: „Denn man wird für gerecht erklärt, wenn man mit dem Herzen glaubt“ (Römer 10,10). Wie wir später noch sehen werden: Sobald du dein persönliches Versagen bekennst (dass du weder so denkst, noch handelst oder lebst, wie du es solltest) und dich entscheidest, an Jesus Christus zu glauben und ihm zu vertrauen, geschieht etwas, das über unsere gewöhnliche Existenz hinausgeht: Du wirst *gerechtfertigt*! Ja, es ist wichtig, was und wem du glaubst! Es wird nicht nur darüber bestimmen, wie deine Lebensreise verläuft, sondern auch darüber, was dein letztes Ziel sein wird.

Der Glaube ist in erster Linie eine Willensentscheidung. Eine Entscheidung für Gott. Hier wirst du einige Gründe finden, die mich zum Glauben ermutigt haben, zum Glauben an Gott, an Jesus Christus und die christliche Weltanschauung.

Das Buch spiegelt einen Teil meiner persönlichen Glaubensreise wieder. Mein Denken und mein Glaube wurden über die Jahre bereichert durch das Lesen vieler guter Bücher, durch offene, ehrliche und provokante Unterhaltungen, durch die Inspiration von Männern und Frauen, die ihren christlichen Glauben gelebt haben oder leben, und durch die persönliche Erfahrung gelegentlicher unwahrscheinlicher oder „seltsamer" Ereignisse, die vermuten lassen, dass Gott immer noch da ist, und dass er ein liebevolles Interesse an unserer Lebenssituation hat!

Mein besonderer Dank gilt Becky, Julie, Nicole, Jennifer, Alejandro, Jitse, Pieter, Robert, Matthew, Sytse und Tim für das Lesen und Kommentieren eines früheren Entwurfs. Eure Anmerkungen und Vorschläge haben diese endgültige Version bereichert. Ich hoffe, dass dir das Lesen und Denken Spaß macht, und dass du hier etwas findet, was für deinen Lebensweg nützlich ist.

Philip Nunn
Eindhoven, NL, 2015

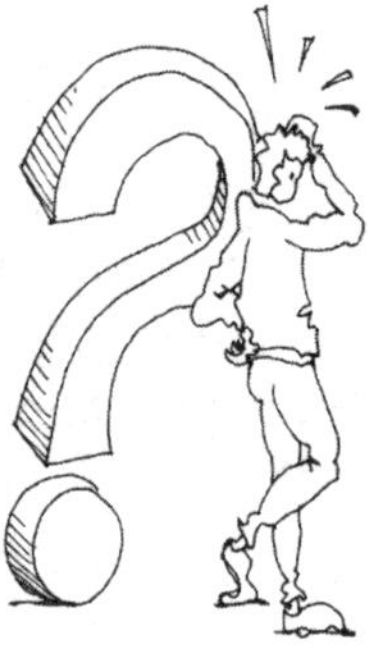

❶

Existiert Gott wirklich?

Für einige Leute ist das eine wirklich wichtige Frage. Anderen erscheint sie irrelevant. Hat es wirklich irgendeine Bedeutung, ob Gott existiert oder nicht? Diskussionen über die Existenz Gottes klingen vielleicht akademisch und theoretisch, aber sie versuchen, etwas Wichtiges zu klären.

Wenn es einen persönlichen Schöpfergott gibt, hat er die Menschheit vielleicht zu einem bestimmten Zweck geschaffen. Vielleicht sind wir nicht die absoluten Eigentümer unseres eigenen Lebens oder Herren über unser eigenes Schicksal. Vielleicht ist es eine Illusion zu denken, wir könnten unsere eigene Moral bestimmen und richtig und falsch nach unserem eigenen Gefühl definieren. Vielleicht werden wir irgendwann zur Rechenschaft gezogen für die Entscheidungen, die wir getroffen haben, und für unsere Taten, die daraus folgten. Vielleicht geht es im Leben um mehr als nur die wenigen Jahrzehnte, die wir hier auf der Erde erleben.

> Vielleicht werden wir irgendwann für unsere Entscheidungen und Taten zur Rechenschaft gezogen.

Wenn so ein Gott existiert, wäre es klug, ihn in unserer Weltanschauung zu berücksichtigen. Es ist also definitiv eine wichtige Frage, ob Gott existiert oder nicht!

Was kann also über Gott *bewiesen* werden? Wonach suchen wir? Was können wir erwarten zu entdecken? Um hier weiter zu kommen, sollten wir erst einmal überlegen, was wir mit „Hinweisen" und „Beweisen" meinen.

Hinweise und Gewissheit

Diejenigen, denen die Naturwissenschaft wichtig ist, haben in der Regel ein starkes Interesse an „Beweisen". Sie haben gesunde Zweifel an fast allem, was sie hören. Sie wollen die Fakten kennen, und sie wenn möglich systematisch studieren. Die Ergebnisse ihrer Experimente liefern ihnen Beweise. Solchen „Beweisen" zu vertrauen gibt ihren Herzen Gewissheit. Dies ist eine sehr gute, aussagekräftige und zuverlässige Methode. Das Problem dabei ist, dass das Leben komplexer ist. Nicht alles kann auf diese Art bewiesen werden. Allgemein gesagt gibt es zwei Arten, Dinge zu beweisen:

- *Die physikalisch-wissenschaftliche Methode:* Dieser Ansatz versucht, die Funktionsweise des Universums zu verstehen, indem man
  (a) detaillierte *Beobachtungen* macht und
  (b) ein Modell oder eine *Theorie* entwickelt, um diese Beobachtungen zu erklären, dann

(c) diese Theorie benutzt, um Dinge *vorauszusagen*, die in der Zukunft oder unter anderen Umständen geschehen könnten, um schließlich
(d) diese Voraussagen mit neuen Beobachtungen zu *vergleichen*.

Die entworfene Theorie wird dann anerkannt, angepasst oder verworfen. Gewöhnlich, aber nicht immer, können die Ereignisse wiederholt werden – idealerweise in einem Labor unter kontrollierten Bedingungen. Dieser Ansatz beantwortet Fragen wie: „Bei welchem Druck wird ein bestimmtes Gas flüssig?“ oder „Welche Geschwindigkeit muss eine Kugel erreichen, um diese Art von Helm zu durchbohren?“ Mit einigen Annahmen über Gleichmäßigkeit und Kontinuität kann diese Methode uns auch helfen, Fragen dieser Art zu beantworten: „Wie wurde John umgebracht?“, „Wie groß ist die Distanz zwischen Erde und Mond?“, „Expandiert das Universum?“ und „Wie alt ist dieser Stern?

- *Die rechtlich-historische Methode:*
Diesen Ansatz wendet man an, wenn die Ereignisse nicht wiederholt werden können und die Annahmen über Gleichmäßigkeit und Kontinuität weniger zuverlässig sind. Man beantwortet damit alle anderen Arten sachbezogener Fragen, wie zum Beispiel: „Haben Aristoteles und Napoleon wirklich existiert?“, „Ist der Holocaust eine historische Tatsache?“, „Wie sicher können

wir sein, dass Peter der Mörder war?", „Wie sicher kann ich sein, dass George Nunn mein Urgroßvater war?" und, viel wichtiger: „Hat er mir Geld hinterlassen?"

Um diese Art von Fragen zu beantworten, sind die Sammlung, die genaue Untersuchung und der Vergleich der verschiedenen Arten von Beweisen erforderlich. So zum Beispiel die Aussagen lebender Zeugen, die Aufzeichnungen von Zeugen, als Schriftstücke, Aufnahmen und Videos sowie die Untersuchung aller materiellen Belege, wie zum Beispiel Fotos, Waffen und DNS-Proben. Natürlich müssen auch die Glaubwürdigkeit der Zeugen und die Qualität der Belege berücksichtigt werden.

Beide Methoden dienen dem Versuch, eine solide Grundlage zu schaffen, auf der man erkennen kann, was wahr ist. Beide benutzen einen rationalen Weg, um eine bestimmte These zu beweisen oder zu widerlegen. Beide Methoden sind fast unausweichlich abhängig von bestimmten Grundannahmen.

Manchmal ist jedoch heute nicht mehr so sicher, was Wissenschaftler gestern für gesichert hielten. Aber die physikalisch-wissenschaftliche Methode kann oft einige grundsätzliche Antworten liefern. Das ist der Grund, warum wir Brücken und Flugzeuge bauen können!

Die rechtlich-historische Methode kann nie hundertprozentige Gewissheit bieten. Sie hängt stets von Annahmen wie zum Beispiel der Glaubwürdigkeit von Zeugen ab. Aber sie hilft dem Fragesteller, eine vernünftige Schlussfolgerung zu ziehen. Im besten Fall kann sie etwas als „über jeden begründeten Zweifel erhaben" nachweisen.

Natürlich hätte ich gerne auf alle meine Fragen Antworten mit hundertprozentiger Gewissheit. Aber das Leben ist nun mal nicht so einfach. Tatsächlich sind wir alle daran gewöhnt, unser alltägliches Leben zu leben und dabei Entscheidungen aufgrund von vernünftig erscheinenden Hinweisen zu treffen.

Wir springen ins Auto, ohne jedes Mal zu überprüfen, ob die Bremsen noch in einem guten Zustand sind. Wir halten es für annehmbar, ihnen zu trauen. Wir kaufen Essen im Supermarkt und verlassen uns darauf, dass das Etikett mit dem Inhalt übereinstimmt. Wir steigen in ein Flugzeug in dem Vertrauen, dass der Pilot eine angemessene Ausbildung hatte und nüchtern ist!

Wir könnten unser gewohntes Leben nicht leben, wenn wir vor jeder Handlung „Gewissheit" fordern würden. Es ist vernünftig, aufgrund von Hinweisen zu handeln, die „über jeden begründeten Zweifel erhaben" sind. Tatsächlich ist das die einzig rationale Art, zu leben!

Wunder und Übernatürliches

Am Anfang seines Buchs „Wunder" hat C. S. Lewis (1898-1963) zu Recht darauf hingewiesen, dass

„die Frage, ob Wunder vorkommen, nie einfach durch Erfahrung beantwortet werden kann. Jedes Ereignis, das einen Anspruch darauf erheben kann, ein Wunder zu sein, ist letztlich etwas, das unseren Sinnen vorgeführt wird, etwas, das gesehen, gehört, gefühlt, gerochen oder geschmeckt wird. Und unsere Sinne sind nicht unfehlbar."[1]

Dies erinnert mich an eine Zaubershow, die ich vor einigen Jahren an der Universität von Toronto miterlebte. Ich saß da mit einer Gruppe von Freunden in der fünften Reihe, sehr konzentriert und mit weit geöffneten Augen. Der Magier hob langsam vom Boden ab und schwebte dann in der Luft. Sein Assistent ließ Metallringe über ihn hinweggleiten, unter ihm her, komplett um ihn herum ... wie konnte er sich ohne Hilfe mitten in der Luft halten? Es war eine Illusion, aber sie wirkte *sehr* real. Und dann zogen sich die Vorhänge zu! Seitdem bin ich etwas vorsichtiger damit, alles ungeprüft anzunehmen, was ich höre und sehe.

Aber sind Wunder möglich? Bevor wir diese Frage beantworten, müssen wir uns erst darauf einigen, was wir mit *Wundern* meinen. Falls wir *Natur* so definieren, dass sie „alles, was existiert" bedeutet, dann kann es per Definition nichts Übernatürliches geben. Wenn Natur die gesamte Realität umfasst – und auch die geistliche Welt und Gott selbst mit einschließt – dann wissen wir per Definition, dass Wunder unmöglich sind: Nichts kann die Natur von außerhalb ihrer selbst her beeinflussen, da es dann nichts anderes außerhalb der Natur gibt. Wenn wir jedoch *Natur* als das Universum definieren, die *physikalisch-materielle Welt,* dann bezieht sich *übernatürlich* auf alles, was sich außerhalb dieser materiellen Welt befindet. Ein *Wunder* könnte man dann definieren als jede Art von Eingriff in die materielle Welt durch etwas oder jemanden, der außerhalb oder unabhängig von der materiellen Welt existiert.

Alles, was wir beobachten, studieren und messen können, gehört zur natürlichen Welt. Sowohl Atheisten als auch jene, die an Gott glauben, arbeiten mit denselben natürlichen Beobachtungen. Der Unterschied zwischen beiden liegt darin, wie sie diese Beobachtungen interpretieren. Manche Beobachtungen können als Spuren oder Hinweise auf die Existenz des Übernatürlichen verstanden werden. Solche Spuren sind im besten Fall Hinweise, aber keine Beweise.

Diese Hinweise können auf unterschiedliche Weise gedeutet werden. Wenn man jedoch eine größere Anzahl von Hinweisen zusammen nimmt, wird das Argument stärker. Manche Apologeten argumentieren aus der Erfahrung heraus, indem sie die Universalität religiösen Glaubens feststellen und nahelegen, dass vielleicht diese tiefe Sehnsucht nach spirituellen Erfahrungen letztlich darin begründet ist, dass wir darauf angelegt wurden, mit dem Übernatürlichen in Kontakt zu kommen; dass wir gemacht wurden, um in irgendeiner Form mit Gott in Verbindung zu stehen. Andere denken über die Leere nach, die diejenigen erfahren, deren Leben ausschließlich dem Natürlichen gewidmet ist. Blaise Pascal (1623-62) argumentiert, dass diese Erfahrung der Leere und die Sehnsucht Hinweise auf die wahre Bestimmung der Menschheit sind, auf etwas jenseits des Natürlichen, auf Gott selbst.

Wurden wir gemacht, um in irgendeiner Form mit Gott in Verbindung zu stehen?

Natürlich beweist diese Art des Denkens nicht Gottes Existenz. Dennoch könnten wir eine solche Erfahrung geradezu erwarten, wenn Gott die Menschen in dem Wunsch geschaffen hätte, mit ihnen in Kontakt zu treten. Augustinus von Hippo (354-430) drückte diese Gedanken in einem heute berühmten Gebet aus: „Du hast uns zu dir hin geschaffen, und unsere Herzen sind ruhelos, bis sie Ruhe finden in dir.“ In der Erfahrung vieler Menschen ist das wahr.

Andere Denker, wie beispielsweise C. S. Lewis, beziehen sich in ihrer Suche auf den Verstand. Tatsächlich überzeugte Lewis die Tatsache, dass der *Verstand* existiert, davon, dass die *Realität* größer sein muss als die materielle Welt. Ist es vernünftig, an die Existenz eines höchsten, *übernatürlichen* Wesens zu glauben? Manche sehen in dieser natürlichen, materiellen Welt *Fingerabdrücke* eines mächtigen intelligenten Wesens außerhalb unserer Welt.

Fingerabdrücke

Wenn ich über die Existenz Gottes nachdenke, gibt es drei Hauptargumente, die mich dazu ermutigen, mich auf die Seite der Monotheisten zu stellen – derjenigen, die sich für ein „höchstwahrscheinlich ja" entscheiden, und die an *einen* Gott glauben.

- *Logik:*

  In den ersten Jahrhunderten des 20. Jahrhunderts dominierte in der Wissenschaft die Ansicht, dass das Universum ewig sei, dass es immer existiert habe. In den 1960er-Jahren wurde es immer deutlicher, dass das Universum einen Ursprung hatte, und man ging davon aus, dass es mit einem „großen Knall" (Urknall) begonnen habe.

  Alles in unserem bekannten Universum hat irgendeine Art von Ursache. Wir sehen ein zerbrochenes Fenster, und wir schließen daraus ganz richtig, dass jemand oder etwas es zerbrochen hat. Wir sehen einen Canyon, und wir gehen davon aus, dass etwas ihn geformt hat. Wir sehen einen Baum, und wir sind überzeugt, dass es einen Samen gegeben hat, aus dem er gewachsen ist. Aber alle diese Ursachen müssen eine weitere Ursache gehabt haben. Alles in unserer materiellen Welt scheint eine Ursache zu benötigen. Wenn wir noch weiter in der Zeit zurückgehen, müssen wir schließlich bei der ersten Ursache für alles ankommen. Selbst der Urknall, wenn er stattgefunden hat, braucht eine Ursache. Monotheisten benennen diese erste Ursache als „Gott".

- *Natur:*
  Ich bin kein Biologe, Chirurg, Chemiker oder Astronom – aber das Wenige, was ich als Mathematiker in der Natur sehe und verstehe, beeindruckt mich. Der menschliche Körper ist wunderbar komplex. Im Juli 2014 brachte unsere älteste Tochter unsere erste Enkelin Leah zur Welt. Das Wunder des neuen Lebens traf mich wieder neu!

  Wenn ich hochsehe, bemerke ich, dass die Ökosysteme und die Bewegungen der Planeten zusammenpassen und sehr präzise aufeinander abgestimmt sind. Soweit ich verstehe, findet man alle Materialen, die man für ein iPad benötigt, in Afrika. Wenn ich nun ein iPad mitten in der Sahara finden würde, wäre mein erster Gedanke, dass es einen Designer gibt. Ja, es gibt die entfernte Möglichkeit, dass der richtige Wind mit der richtigen Temperatur zusammentrifft und über viele Jahre hinweg ein iPad produziert – aber die Existenz eines Designers und Schöpfers irgendwo ist, denke ich, eine rationale Alternative.

  > Die Komplexitäten der Natur deuten auf die Existenz eines intelligenten Designers hin.

  In derselben Weise deuten für mich die Komplexitäten der Natur – die diejenige des iPads weit überschreiten – auf die Existenz eines intelligenten Designers hin. Monotheisten bezeichnen diesen Designer als „Gott".

- *Moral:*
  Was ist gut und richtig? Was ist schlecht und falsch? Ist Moral lediglich ein Ausdruck der sich schnell ändernden öffentlichen Meinung? Kann eine objektive Moral ohne den Glauben an Gott aufrechterhalten werden? Es gibt viele heiße ethische Debatten über Themen wie Abtreibung, Euthanasie, freien Markt, gleichgeschlechtliche Ehe, Kapitalismus, aufgezwungene Religion, Krieg, freien Zugang zu Drogen, Atomenergie und viele andere! Manche moralischen Entscheidungen sind sehr komplex.

  Und doch gibt es bei der Mehrheit von uns Menschen einen grundlegenden „Instinkt", der zwischen Gut und Böse unterscheidet. Die meisten würden es für schlecht halten, einem liebenden Partner untreu zu sein. Warum sollten wir so fühlen? Die meisten von uns haben große Bewunderung für jemanden, der freiwillig seine Niere spendet, um das Leben eines Freundes zu retten. Warum sind wir von so einer selbstlosen Handlung beeindruckt?

  Natürlich sind wir uns in vielen Details uneinig, aber die Tatsache, dass sich die meisten Menschen, wenn nicht sogar alle, einer Idee von Gut und Böse bewusst sind, deutet auf etwas jenseits der bloßen sozialen Prägung hin. Gut

> und Böse gehen über eine reine Notwendigkeit hinaus. Die Existenz dieses moralischen Gesetzes, das in unsere menschliche Hardware hinein kodiert ist, deutet auf einen moralischen Gesetzgeber hin. Monotheisten nennen diesen moralischen Gesetzgeber „Gott".

Es erscheint mir vernünftig, an die Existenz einer mächtigen, universellen ersten Ursache, an einen intelligenten, universellen Designer und an einen universellen Gesetzgeber zu glauben. Du kannst dieses „großartige Wesen" Gott oder auch irgendwie anders nennen. An diesem Punkt unserer Reise kommt es noch nicht auf den Namen an. Was können wir noch über dieses „großartige Wesen" herausfinden? Aber bevor wir unsere Reise fortsetzen, möchte ich zuerst noch kurz auf einige bekannte Einwände gegen die Existenz Gottes eingehen.

Gott als Krücke

Manche halten die Idee von der Existenz Gottes für einen „Trostpreis" für Verlierer. Sie behaupten, schwache Menschen hätten Gott erfunden und ins Zentrum ihrer Weltanschauung gesetzt, um mit den Unsicherheiten des Lebens umgehen zu können. Sie argumentieren, Gott sei eine menschliche Erfindung, eine geistige „Projektion" zu dem Zweck, ihre gefühlten Bedürfnisse oder bewussten und unbewussten Wünsche zu erfüllen. Gott sei, so behaupten sie, eine hilfreiche „Krücke" für diejenigen, die mit ihrem wirklichen Leben nicht zurechtkommen. Diese Ansicht ist natürlich nur eine Meinung, eine Behauptung; zugegebenermaßen eine weit verbreitete, die immer beliebter wird, je öfter sie wiederholt wird.

Aber diese Behauptung einer menschlichen „Projektion" ist zweischneidig; es gibt viele Leute, die gute Gründe für den Wunsch haben, dass Gott *nicht* existieren soll. Man kann also auch den Atheismus als „Krücke" für diejenigen sehen, die die Realität eines mächtigen Schöpfergottes nicht ertragen können. Genauso kann der Atheismus dann auch als eine menschliche Erfindung erklärt werden, eine geistige „Projektion", die die gefühlten Bedürfnisse eines Individuums und seine bewussten und unbewussten Wünsche erfüllt.

Unternehmer, die von Handel und Geschäft leben, wünschen sich vielleicht ein großes Land wie China. Diejenigen, denen die nationale Sicherheit wichtiger ist, wünschen sich dagegen eher, dass ein großes Land wie China *nicht* existiert. Allerdings hängt die Existenz oder Nicht-Existenz Chinas nicht von ihren Wünschen ab! Es ist eine Angelegenheit von „Wahrheit oder Realität", nicht von „Bedürfnis oder Wunsch".

Die Existenz Gottes hängt nicht von unseren unterschiedlichen Sehnsüchten und Wünschen ab.

Die Existenz oder Nicht-Existenz einer mächtigen universellen Ursache, eines intelligenten universellen Designers, eines universellen Gesetzgebers, eines „großartigen Wesens“, das meistens als „Gott“ bezeichnet wird, ist ebenfalls eine Angelegenheit von „Wahrheit oder Realität“, nicht von „Bedürfnis oder Wunsch“. Die Existenz Gottes hängt nicht von unseren unterschiedlichen Sehnsüchten und Wünschen ab. In diesem Sinne ist Gott keine Krücke. Was können wir noch über dieses „großartige Wesen“, das wir Gott nennen, entdecken?

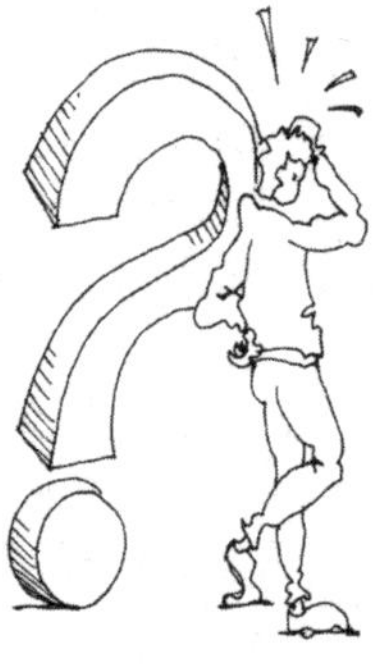

❷

Was für eine Art von Gott gibt es?

Es gibt viele, die es weit von sich weisen würden, sich als religiös oder geistlich bezeichnen zu lassen, und die trotzdem mit unserer Argumentation bis hierher einverstanden wären. Obwohl sie es bevorzugen würden, nicht das Wort „Gott" zu verwenden, sind sie überzeugt, dass es ein höheres „Ding" gibt, eine Art von ursprünglicher schöpferischer Energie.

Es gibt auch viele Leute, die an einen höchsten Schöpfergott glauben und trotzdem den Prozess der Evolution bejahen. Was diese religiösen und nicht-religiösen Denker gemeinsam haben, ist, dass sie sich nicht zu dem Glauben durchringen können, dass aus „Nichts" „Etwas" entstanden sein soll, dass ein richtungsloser „Urknall" und ein ungelenkter Prozess, den wir „Evolution" nennen, das Leben und das komplexe und schöne Universum, in dem wir leben, hervorgebracht haben soll. Sie kommen zu dem Schluss, dass es „Etwas" dahinter geben muss, etwas außerhalb unserer Welt,

> Viele Denker können sich nicht zu den Glauben durchringen, dass aus „Nichts" „Etwas" entstanden sein soll.

etwas Transzendentes, Mächtiges und Intelligentes, das hinter allem steckt.

Noch mehr Fingerabdrücke

Könnte dieses „Etwas“, das Monotheisten als „Gott“ bezeichnen, die Wesenseigenschaften einer Person haben? Ist es vernünftig, auf Gott mit dem persönlichen Pronomen „er“ zu verweisen statt mit einem unpersönlichen „es“? Hier stelle ich mich wieder auf die Seite derjenigen, die mit „höchstwahrscheinlich ja“ antworten. Ich werde erklären, warum, indem wir kurz zu den drei Bereichen zurückkehren, über die wir gerade nachgedacht haben.

- *Logik:*
  Während Materie und Energie beide in sich selbst beeindruckend sind, würde ich eine Person trotzdem als etwas Höheres ansehen als Materie und Energie. Ich bemerke auch, dass es immer das Größere ist, das etwas Kleineres schafft. Es ist der Mensch, der Computer erschafft, nicht anders herum. Es ist der Vogel, der ein Nest macht; Nester machen keine Vögel. Was könnte etwas wie dich und mich erschaffen? Unser Schöpfer muss also irgendeine „Personalität“ haben, die mit unserer vergleichbar oder auf irgendeine Art größer als unsere ist.

  Wenn wir diesem Gedankengang folgen, scheint es mir sinnvoller, auf Gott mit „er“ zu verweisen als mit „es“, aber ich denke auch, dass

Natur und Moral auf einen persönlichen Gott hinweisen.

- *Natur:*
  Die zusammenhängende Komplexität im Universum kann uns Ehrfurcht einflößen! Auf dem Planeten Erde sind die Bedingungen gerade richtig, um Leben zu erhalten, und schon kleinere Abweichungen würden unseren Planeten unbewohnbar machen. Das Phänomen der Feinabstimmung unseres Planeten ist allgemein akzeptiert; alle Debatten zu diesem Thema behandeln lediglich die Frage, wie wir diese Tatsache interpretieren.

  Dazu kommt, dass alles in unserem Universum seinen eigenen Platz hat. Die meisten Dinge auf der Erde haben einen Grund für ihr Dasein: Die Meere stabilisieren die Welttemperatur, Luft und Wolken haben eine Funktion, es gibt eine Nahrungskette, die notwendig ist, um menschliches Leben zu erhalten und so weiter.

  Aber manche Dinge in dieser materiellen Welt erscheinen wie unnötiger Luxus. Warum können wir so eine große Vielfalt an Farben sehen und genießen? Warum kann ein Sonnenuntergang so beeindruckend schön sein? Warum gibt es so eine große Vielfalt an Blumen? Warum solch eine Fülle an angenehmen Gerüchen und Geschmacksrichtungen? Warum existieren Harmonie und Musik?

Ganz offensichtlich müsste das nicht alles existieren. Nicht alles kann als Antwort auf eine Notwendigkeit erklärt werden. Manche Dinge sind einfach angenehm und schön. Sie erhöhen den Genuss des menschlichen Lebens, ohne zu seiner Existenz notwendig zu sein.

Meiner Ansicht nach ist Schönheit mehr als nur ein Zufall oder eine angelernte Reaktion. Da Schönheit ein Teil dieser Schöpfung ist, muss sie von ihrem Schöpfer auf eine gewisse Art auch geschätzt und gewürdigt sein. Die Würdigung von Schönheit ist eine Eigenschaft von Personalität. Die Tatsache, dass Schönheit existiert, ist für mich ein Hinweis darauf, dass Gott ein persönlicher Gott ist, einer, der sie auch würdigen kann.

- *Moral:*
  Der Prozess, den wir als Evolution beschreiben, ist ein wertfreier Prozess. Das kalte, blinde, treibende Prinzip hinter der Evolution ist das „Überleben des Stärkeren oder Angepassteren". Dieses Prinzip schließt die Existenz von Eigenschaften wie Großzügigkeit, Freundlichkeit, Güte und Liebe aus. Was könnte im evolutionären Prozess „gut" genannt werden? Vermutlich einfach jede Entscheidung, die „einem Lebewesen oder seiner Spezies zu überleben hilft" – und das normalerweise auf Kosten von etwas oder jemand anderem.

Ein mechanisches Universum hat keinen Platz für Tugend, es braucht keine Moral. Begriffe wie Liebe, Demut, Mitgefühl, Opferbereitschaft, Großzügigkeit und Vergebung müssen von ihrer tiefen, anziehenden Bedeutung entkoppelt und als ein oberflächlicher, mechanischer Reflex erklärt werden. Aber etwas in uns weiß, dass diese Eigenschaften real sind. Die Existenz von Tugenden kann man als Fingerabdrücke von jemandem außerhalb unserer Welt sehen. Moral und Tugenden sind Eigenschaften von Personalität. Nach meiner Meinung muss ein moralischer Gott auch ein persönlicher Gott sein.

Ein mechanisches Universum hat keinen Platz für Tugend, es braucht keine Moral.

Ein persönlicher Gott

Über die Jahrhunderte haben immer wieder Leute behauptet, Kontakt mit Gott gehabt zu haben – oder dass Gott auf irgendeine Weise zu ihnen gesprochen hätte. Sollten wir ihnen glauben? Es gibt bestimmt viele Schwindler unter ihnen und vielleicht dazu noch Leute mit Psychosen, aber könnten manche von ihnen vielleicht doch die Wahrheit sagen?

Ich stelle fest, dass Menschen nicht gerne allein sind. Die exponentielle Zunahme an Telefonnummern, Handys und den vielen verschiedenen Arten von sozialen Medien stützt meinen Verdacht, dass die Menschen gerne in Kommunikation miteinander leben. Andere zu treffen und uns mit ihnen bekannt zu machen, ist eines unserer Grundbedürfnisse. Ich habe gehört, dass die am meisten benutzten Parkbänke an Plätzen stehen, wo man sitzen und andere Leute beobachten kann, wie sie gehen, spielen und miteinander Kontakte pflegen. Menschen suchen ein Gegenüber.

Wenn Gott ein personenähnliches Wesen ist, dann würden wir es nur natürlich finden, wenn auch er auf irgendeine Art die Kommunikation suchen würde – vielleicht auch mit Menschen. Irgendeine Art von Kommunikation dieses persönlichen Gottes wäre nicht nur möglich, sondern auch wahrscheinlich. Die Herausforderung für uns ist es dann, Manifestationen oder echte Selbstoffenbarungen dieses persönlichen Schöpfergottes zu erkennen.

Wenn Gott ein personenähnliches Wesen ist, dann würden wir es nur natürlich finden, wenn auch er auf irgendeine Art die Kommunikation suchen würde.

Meinem Persönlichkeitstyp entsprechend neige ich mehr zum „Denken und Tun“ als zum „Fühlen und Erleben“. Dennoch werde ich hier zwei „merkwürdige“ persönliche Geschichten erzählen, die in meiner Erfahrung die Idee eines persönlichen Gottes bestätigt haben. Ich weiß, dass es *„Bestätigungsfehler“* gibt – das heißt, dass Ereignisse ausgewählt oder ausgeblendet werden können, um auf diese Weise ein gewünschtes oder erwartetes Ergebnis zu bestätigen. Diese Voreingenommenheit beeinflusst unterbewusst sowohl

Gläubige als auch Ungläubige. Auch Wissenschaftler wurden schon dabei ertappt, dass sie „merkwürdige" Beobachtungen ausblendeten, die nicht richtig zu den allgemein anerkannten Theorien passten. Es ist gesund, sich dieser Voreingenommenheit bewusst zu sein, aber es wäre doch ein großer Verlust, wenn wir uns aus Furcht vor einem Bestätigungsfehler den persönlichen Lerneffekt und das Erstaunen über „merkwürdige" Ereignisse wegnehmen ließen.

Ein „seltsamer" Traum:
Am Dienstag, den 29. Dezember 2009 hatten meine Frau und ich einen Termin in der Kardiologie (Herzabteilung) eines großen Krankenhauses in Eindhoven. Unser Sohn Edward, damals 15 Jahre alt, war mit einem angeborenen Herzfehler auf die Welt gekommen, und nun kam die Zeit für eine schwierige Herzoperation.

Der Kardiologe erklärte uns, dass es drei Möglichkeiten gab: a) ein neuer Anschluss einiger Venen und Arterien – dadurch könnte man die große Herzoperation für einige Zeit aufschieben, b) eine mittelschwere Operation oder c) eine vollständige Korrekturoperation am Herzen, bei der man zwei Tunnel in sein Herz einbringen, eine neue Klappe einsetzen sowie eine oder zwei Arterien umlegen würde.

Die verschiedenen Möglichkeiten erklärte er uns im Detail und er sagte uns, dass wir uns in einigen Wochen entscheiden müssten. Ob du ein Kind hast oder nicht, du kannst dir vorstellen, wie wir uns fühlten, als wir zu Hause ankamen. Es fühlte sich unwirklich an. Aber jetzt kommt das Seltsame: Sobald ich zu Hause ankam, schaltete ich unseren Computer an und fand die folgende persönliche E-Mail:

> *„Hallo alle zusammen! Letzte Nacht habe ich von einem lieben kleinen Jungen geträumt, den ich als Edward erkannte. Daher fragte ich den Herrn, sobald ich aufgewacht war, weshalb und wie ich für ihn beten sollte. Er gab mir keinen speziellen Grund an, also ... habe ich einfach für euch alle als Familie gebetet. Alles Liebe, Kathleen."*

Was diese E-Mail so besonders macht, ist nicht ihr Inhalt, sondern ihr Timing. Kathleen lebt in Kolumbien, wir in Holland. Wir kannten diese australische Christin, weil wir ungefähr fünf Jahre lang in derselben Stadt gelebt hatten, aber seit wir diese im Juni 2007 verlassen hatten, hatten wir keinen weiteren Kontakt mehr mit ihr gehabt. Unser Termin mit dem Kardiologen war eine private Angelegenheit. Sie konnte absolut nichts davon gewusst haben. Und trotzdem träumte Kathleen, nachdem wir zweieinhalb Jahre lang keinen Kontakt gehabt hatten und 9000 Kilometer voneinander entfernt lebten, von Edward und fing an, für uns zu beten, genau an dem Tag, an dem wir diesen lebensverändernden Termin hatten. Seltsam!

Könnte das ein Beispiel für die vielen Arten sein, in denen Gott spricht? Ganz klar *beweist* dieses Ereignis nichts über Gott. Aber es ist definitiv „seltsam"! Und wenn der Schöpfergott ein persönlicher Gott ist, einer, der ein ernsthaftes Interesse an den Menschen hat, könnte ein solcher Traum sehr gut eine der vielen kleinen Arten sein, wie Gott spricht. In den folgenden schwierigen Monaten wurde die Existenz dieser E-Mail eine große Ermutigung für uns.

Ein „seltsamer" Zufall:
Davor, im Jahr 2007, kam gegen Ende unseres Sonntagmorgen-Gottesdienstes in Armenia, Kolumbien, ein etwa 40-jähriger Mann herein und setzte sich hin. Nach dem Gottesdienst kam er zu mir und erklärte, dass er gerade nach acht Jahren aus dem Gefängnis entlassen worden war und nach Hause fahren wollte – von Armenia etwa 14 Stunden mit dem Bus entfernt. Grundsätzlich bin ich sehr vorsichtig bei Leuten mit großen Geschichten, die Geld verlangen. Aber als ich mir aufmerksam seine Antworten auf meine Fragen anhörte, kam mir seine Geschichte wahr vor. Er hatte noch einen frischen Tintenstempel des Gefängnisses auf seinem Arm. Er hatte einen Entlassungsbrief. Wir nahmen ihn mit nach Hause zum Mittagessen, um mehr von seiner Geschichte zu hören.

In seiner Plastiktüte hatte er auch Zeitungsartikel darüber, wie er und seine Frau erwischt und später verurteilt worden waren. Tatsächlich hatte ihr schreckliches Verbrechen es bis in die landesweiten Nachrichten geschafft. Er hatte seine Gefängniszeit um einige Jahre verkürzen können, weil er mit der Polizei zusammen gearbeitet hatte. Seine Frau hatte die Kooperation verweigert. Er hatte jetzt Feinde. Er zeigte uns die Narben an seinem Körper, die von Mordversuchen im Gefängnis stammten, wo er ein „wiedergeborener" Christ geworden war. (Der Begriff „wiedergeboren" wird in Kapitel 8 erklärt.)

Wir halfen ihm auf seinem Weg, gaben ihm aber keine weitere Kontaktadresse; wegen der Schwere seines Verbrechens dachten wir, es wäre das Beste, uns auf Abstand von ihm zu halten. Zwei oder drei Monate später emigrierten wir als Familie von Kolumbien nach Holland. Der interessante Teil dieser Geschichte ist das, was drei Jahre später geschah.

Seit wir Kolumbien verlassen haben, versuche ich, jedes Jahr für zwei oder drei Wochen zu einem Besuch zurückzukehren. In diesen Wochen bemühe ich mich mitzuhelfen, indem ich verschiedene Familien, Kirchen, Konferenzen und Jugendveranstaltungen besuche.

Bei meinem Besuch im Jahr 2010 sollte ich einen Sonntag in Bucaramanga verbringen, mit dem Auto etwa zwölf Stunden von Armenia entfernt. Ich sollte am Morgen in einer Kirche sprechen und dann am Abend in einer anderen. Nach der Hälfte des Abendgottesdienstes kam eine Frau in den 40-ern herein. Sie setzte sich relativ weit nach vorne und sah mich während des Rests der Predigt mit großen, weit geöffneten Augen an. Ich konnte sie nicht übersehen!

Direkt nach dem Gottesdienst kam sie zu mir und sagte: „Ich habe gehört, du bist Felipe Nunn. Du bist der Brite, der meinem Mann vor drei Jahren in Armenia geholfen hat." Sie war seine Frau, die gerade vom Gefängnis entlassen worden war und die ebenfalls nach Hause wollte! Ich stellte ihr ein paar Fragen über den Besuch ihres Mannes bei uns, und wirklich, ich konnte mich überzeugen, dass sie tatsächlich seine Frau war. Sie hatte ebenfalls einen Gefängnisstempel auf dem Arm und einen kürzlich geschriebenen Entlassungsbrief.

Sie war durch die Stadt gelaufen und hatte versucht, Geld für ihre Heimreise aufzutreiben. Die Kirchen in Kolumbien sind meist randvoll mit traurigen Geschichten und damit zusammenhängenden finanziellen Bedürfnissen, daher hatte sie bisher nichts erreichen können. Sie hatte es an der Busstation versucht, aber ohne Erfolg. Sie hatte Lkw-Fahrer angesprochen, die diese Route fuhren, aber die hatten dafür sexuelle Gefälligkeiten verlangt, die sie nicht geben wollte.

Wie ihr Mann hatte auch sie im Gefängnis ihr Leben an Jesus übergeben. In ihrer Verzweiflung betete sie, als sie durch den schlecht beleuchteten Stadtteil entlang der Straße Carrera 17 lief. In der Ferne sah sie das Licht einer Kirche. Als sie am Eingang hörte, dass der Redner Felipe Nunn war, traute sie ihren Ohren nicht! Als ich ihre Geschichte hörte, gab ich ihr gerne den relativ großen Geldbetrag, den sie zum Kauf des Bustickets nach Hause benötigte. Wir beteten zusammen. Sie dankte Gott, dass er ihr Gebet erhört hatte, dann ging sie.

Später am selben Abend traf ich ein paar Freunde zum Pizzaessen, und wir sprachen dabei über dieses „seltsame" Zusammentreffen. Uns wurde bewusst, dass die Wahrscheinlichkeit, diese Frau rein zufällig zu treffen, fast gegen null ging. Offensichtlich war ich ein Teil von Gottes Antwort auf ihr Gebet.

Diese Frau kannte niemanden in Bucaramanga. Die Wahrscheinlichkeit, dass sie jemanden auf den Straßen dieser fremden Stadt finden würde, der ihre Geschichte glaubte und ihr das gab, was sie brauchte, war sehr gering.

In Kolumbien werden Gefangene mit langen Haftstrafen ständig zwischen verschiedenen Gefängnissen hin- und hergeschoben. Sie hätte aus jedem der vielen Gefängnisse in Kolumbien entlassen werden können – einem Land, das fast zweimal so groß ist wie Frankreich. Die Wahrscheinlichkeit, dass wir uns in Bucaramanga trafen, einer Stadt mit mehr als einer halben Million Einwohner, am Tag ihrer Gefängnisentlassung, zwölf Autostunden von Armenia entfernt, wo ich ihren Mann etwa drei Jahre zuvor getroffen hatte, und das, obwohl ich jetzt in Europa lebte und nur für einen kurzen Wochenendbesuch gekommen war ... die Wahrscheinlichkeit war minimal.

Dazu kam noch, dass man mich eine Woche vor meiner Ankunft angerufen und gefragt hatte, ob man die Reihenfolge meiner Besuche der zwei Kirchen in Bucaramanga an diesem Sonntag ändern könnte. Wenn ich mich an den ursprünglichen Plan gehalten hätte, wäre diese Kirche in der Straße Carrera 17 an diesem Abend geschlossen gewesen und wir hätten uns nie getroffen. Könnte es sein, dass Gott einige dieser Ereignisse gelenkt hatte?

Könnte es sein, dass Gott einige dieser Ereignisse gelenkt hatte?

1985 machte ich meinen Master-Abschluss in Statistik, und danach arbeitete ich fast sechs Jahre lang als Statistiker in London. Ein Statistiker studiert die Daten genau und sucht nach einem Muster, das ihm hilft, die Risiken zu analysieren, Wahrscheinlichkeiten einzuschätzen und Zukunftsszenarien vorherzusagen.

Vielleicht liegt es daran, dass ich mir instinktiv über Wahrscheinlichkeiten Gedanken mache, dass mich dieses äußerst *unwahrscheinliche* Timing dieser beiden Geschichten zum Nachdenken und Staunen gebracht hat.

Das Problem bei solchen Geschichten ist, dass sie viel weniger beeindruckend und bedeutend sind, wenn du nicht derjenige bist, der sie selbst aus erster Hand erlebt hat. Tatsächlich ist es so, dass mit den Jahren auch die Begeisterung und das Erstaunen über das Außergewöhnliche nachlassen. So ist das Leben!

In der Bibel lesen wir von ähnlichen und viel beeindruckenderen Beispielen von Gottes Eingreifen in das Leben von Menschen. Im nächsten Kapitel werden wir einen genaueren Blick auf die Ursprünge der Bibel werfen und den Wert, den wir ihr zuerkennen können, aber jetzt möchte ich deine Aufmerksamkeit gern auf zwei sehr wichtige und einzigartige Geschichten lenken: die von Abraham und von Mose.

Abraham und Mose

Abraham und Mose sind zwei Männer, die von Juden, Christen und Muslimen gleichermaßen geschätzt und bewundert werden – das ist mehr als die Hälfte der heutigen Weltbevölkerung. Vor etwa 4000 Jahren glaubte Abraham (damals noch mit Namen Abram), dass er von diesem persönlichen Schöpfergott angesprochen worden war. Er hatte keine Thora, keine Bibel, keinen Koran. Er hatte keinen religiösen Bezugspunkt. Irgendwie drang Gott in seine Welt ein und nahm Kontakt mit ihm auf. Zukünftige Generationen sahen darauf zurück und beteten zu dem Gott Abrahams, Isaaks und Jakobs, den drei Vorfahren der Israeliten. Woher wusste Abraham, dass dieser persönliche Schöpfergott zu ihm sprach? Wie begann dieser Dialog zwischen Gott und den Menschen? Uns wird berichtet, dass Gott selbst die Initiative ergriff.

Abraham gehorchte den Anweisungen, die er hörte: Er verließ Ur, seine Heimat, und baute später dem Gott, „der ihm erschienen war“ (1. Mose 12,7) einen Altar. Das war keine kleine Privatangelegenheit. Dieser persönliche Schöpfergott fing an, sich selbst Abraham zu offenbaren, zum Wohl der ganzen Menschheit: „Alle Völker der Erde werden durch dich gesegnet sein“ (1. Mose 12,3).

Mit der Zeit ergriff auch Abraham die Initiative in der Kommunikation mit Gott: „Dort rief er den Namen [des Herrn] an“ (1. Mose 13,4). Als Abraham verwirrt war oder daran zweifelte, wer mit ihm gesprochen hatte, sprach Gott noch einmal: „Ich, Jahwe, habe dich aus Ur in Chaldäa geführt“ (1. Mose 15,7) und „Ich bin El-Schaddai, ‚Gott, der Allmächtige‘ (1. Mose 17,1).

Etwa 700 Jahre später rief dieser persönliche Schöpfergott Mose und beauftragte ihn damit, das Volk Israel aus Ägypten herauszuführen. Mose wusste, dass der „Gott unserer Väter“ zu ihm gesprochen hatte, aber wie sollte er diesen persönlichen Schöpfergott nennen? Gott antwortete: „Ich bin der, der ist und immer sein wird“ (2. Mose 3,14) – Gott bleibt derselbe, der er ist.

> Gott ist der, der er ist, ob wir es nun glauben oder nicht, ob wir es nun mögen oder nicht.

Gott ist keine menschliche Erfindung. Gott ist keine Projektion menschlicher Bedürfnisse oder Wünsche. Er ist ein Gott, der getrennt und unabhängig von den Menschen existiert. „Ich bin der, der ist und immer sein wird“ ist ein fundamentaler Teil von Gottes Selbstoffenbarung. Er ist der, der er ist, ob wir es nun glauben oder nicht, ob wir es nun mögen oder nicht. Er wird bleiben, wer er ist, und wird nicht durch unsere Erwartungen und Erfahrungen verändert.

Die Herausforderung für uns ist deshalb, herauszufinden, wer er ist! Mose wurde beauftragt, den Israeliten zu sagen: „Der ‚Ich-bin' hat mich zu euch geschickt" (2. Mose 3,14). Durch Abraham, dann durch Israel als Nation, und später, wie wir noch sehen werden, durch den Israeliten Jesus Christus hat sich der persönliche Schöpfergott nach der Menschheit ausgestreckt. Zumindest ist das das Bild, das die Bibel zeichnet. Aber in welchem Maß kann man der Bibel vertrauen? Ist es vernünftig, diese Erzählungen als Beschreibung von wahren, historischen Gegebenheiten anzunehmen?

3

Gott und die Bibel

Ist der Gott, den wir heute zu finden erwarten, derselbe Gott, von dem die Bibel spricht? Es gibt verschiedene Wege, über die wir dies untersuchen können, aber ich werde mit einfacher Mathematik beginnen: Wenn wir den Wert von „X“ bestimmen wollen, der die Gleichung 7+X=15 löst, dann haben wir einige verschiedene Möglichkeiten. Zum Beispiel probieren wir X=1, dann X=5 und schließlich X=10, was wir dann verwerfen, weil wir so die falsche Antwort erhalten. Wir könnten so lange herumprobieren, bis wir schließlich die richtige Antwort finden, X=8.

Wenn du lieber nichts mit Mathematik zu tun hast, stell dir vor, du würdest viele verschiedene Schlüssel einen nach dem anderen ausprobieren, bis du den richtigen findest, der die Eingangstür deines Hauses öffnet; oder du würdest viele verschiedene Passwörter eingeben, bis du das richtige findest, das dir den Zugang zu deinem E-Mail-Konto freigibt.

Ebenso könnten wir alle verschiedenen Philosophien und Religionen nacheinander durchprobieren, um die *wahre* Offenbarung des persönlichen Schöpfergottes zu finden – bis wir die „richtige" finden.

Ein weiterer Ansatz wäre, mit der Lösung zu beginnen, die jemand, der etwas von Algebra versteht, vorgeschlagen hat. Beginne mit der Lösung, die dir ein Bekannter vorschlägt, dessen Leben von Jesus Christus verändert worden ist. Wenn die von ihm vorgeschlagene Lösung in die Gleichung passt, wenn der vorgeschlagene Schlüssel die Tür öffnet oder dir das vorgeschlagene Passwort Zugang zum E-Mail-Konto verschafft, dann hast du das gefunden, wonach du gesucht hast. Falls nachgewiesen werden kann, dass X=8, der Schlüssel oder das Passwort nicht nur die *korrekte* Lösung, sondern auch die *einzige* Lösung ist, dann müssen wir nicht weiter suchen.

> Der Gott, der sich in Jesus Christus offenbart hat, ist die *wahre* Lösung und auch die *einzige* Lösung.

Im Folgenden werde ich zu erklären versuchen, warum ich denke, dass der Gott, der sich in Jesus Christus offenbart hat, die *wahre* Lösung ist und dass er auch die *einzige* Lösung ist. Der persönliche Schöpfergott, von dem wir erwarten, dass es ihn gibt, hat beschlossen, sich selbst in Jesus Christus zu offenbaren, und das ist der Gott, von dem wir in der Bibel lesen.

Diese Behauptung ist ein großer Sprung. Es ist besser, in kleineren Schritten vorwärts zu gehen. Um diese Aussage zu untersuchen, müssen wir zunächst die Vertrauenswürdigkeit einer wichtigen Quelle untersuchen, nämlich der Bibel.

Ist die Bibel, die wir heute haben, zuverlässig?

Ohne Zweifel steht und fällt die christliche Botschaft mit der Authentizität oder Fehlbarkeit der Bibel. Diese Frage hat eine zentrale Bedeutung für das Verständnis der christlichen Botschaft. Die Bibel enthält Aufzeichnungen von verschiedenen Begegnungen zwischen Gott und Menschen, von Gottes Botschaften durch Propheten und Apostel sowie von Gottes höchster Offenbarung durch die Person Jesus Christus.

Ist es vernünftig, diesen Berichten zu vertrauen? Ist die Bibel in irgendeiner Weise Gottes Botschaft für die ganze Menschheit? Ich glaube das. Es gibt viele hilfreiche Bücher, die diese und ähnliche Fragen im Detail beantworten, aber ich werde mich hier darauf beschränken, einige der verbreiteten Einwände so zu beantworten, dass du verstehen kannst, wieso es vernünftig ist, sich auf die Seite derer zu stellen, die der Bibel vertrauen.

- *Übersetzungen:*
  Manche sind verwirrt durch die Tatsache, dass es viele verschiedene Übersetzungen der Bibel gibt. Welche ist die wahre Bibel? Mich persönlich ermutigt die Tatsache, dass es eine große Anzahl an Übersetzungen gibt. In den meisten Fällen verwenden die verschiedenen Übersetzungen der Bibel lediglich andere Worte, um dasselbe auszusagen. Dort, wo sich eine Übersetzung deutlich von allen anderen unterscheidet, gibt

es normalerweise einen Hintergedanken – das ist ungewöhnlich und daher einfach zu erkennen und abzulehnen. Ich arbeite auf Englisch, Spanisch und Niederländisch und habe Zugang zu verschiedenen Bibelübersetzungen in allen diesen Sprachen. Es gibt geringfügige Übersetzungsunterschiede – wie es bei jeder Übersetzungsarbeit normal ist – aber diese Unterschiede haben keine Auswirkung auf den Kern der christlichen Botschaft.

- *Überlieferung:*
  Weil die Bibel vor so vielen Jahren geschrieben wurde, leiten einige Leute daraus ab, dass sie sich mit der Zeit verändert haben müsse. Können wir sicher sein, dass wir heute das Gleiche in den Händen halten, was vor so langer Zeit geschrieben wurde?

  Einige Muslime behaupten beispielsweise, dass unsere heutige Bibel nach dem Tod Mohammeds im Jahr 632 nach Christus geändert wurde, indem sein Name gestrichen wurde – denn sie denken, dass die Bibel ursprünglich die Ankunft ihres Propheten vorhergesagt habe. Aber die Bibeln, die weltweit vor und nach dem Jahr 632 verwendet wurden, sind dieselben.

  Über Jahrhunderte wurden die Seiten der Bibel von Hand kopiert und von Generation zu Generation weitergegeben. Die Juden verlangten einen sehr hohen Arbeitsstandard von ihren

Abschreibern, sie zählten die Wörter und die Buchstaben, um die Genauigkeit sicherzustellen.

Es gibt buchstäblich Tausende von hebräischen, griechischen und lateinischen Manuskripten der biblischen Texte, deren Vergleich es uns ermöglicht, eine sehr genaue Rekonstruktion der originalen Dokumente zu erstellen. Es gibt mehr als 5000 handschriftliche griechische Manuskripte, die allein das Neue Testament stützen, und viele der frühesten Kopien sind nur 25 bis 50 Jahre nach ihrem Original entstanden.

> Ein Vergleich der Manuskripte ermöglicht uns eine sehr genaue Rekonstruktion der originalen Dokumente.

Interessanterweise wurden zwischen 1946 und 1956 fast 1000 Texte in elf Höhlen in der Nähe von Qumran in Israel entdeckt. Unter diesen sind die sogenannten Schriftrollen von Qumran, Kopien von alttestamentlichen Büchern, die mehr als 2000 Jahre verschwunden gewesen waren. Diese Kopien sind praktisch identisch mit dem, was wir schon vorher hatten – und das bestätigt die Genauigkeit der Überlieferung über die letzten 20 Jahrhunderte.

Das alles zusammen lässt mich zu dem Schluss kommen, dass es sehr vernünftig ist, zu glauben, dass unsere heutige Bibel eine vertrauenswürdige Kopie des ursprünglich Geschriebenen ist.

Als ich Student am *Imperial College* in London war, fing ich an, zum ersten Mal die Ursprünge der Bibel zu studieren. Es gibt eine Vielzahl von nützlichen Büchern zu diesem Thema.

Eine meiner vielen Fragen war, wer die originalen Bibeldokumente hat. In der frühen christlichen Zeit war das meistbenutzte Schreibmaterial Papyrus. Das ist ein widerstandsfähiges Schilfrohr aus dem Niltal, das zusammengeklebt wurde. Es hatte die Tendenz, zu verrotten und zu verfallen, aber Fragmente dieser Dokumente werden heute immer noch in den trockenen und dürren Ländern Nordafrikas und des Nahen Ostens gefunden.

Man hat auch auf Pergament geschrieben, das aus Schafs- oder Ziegenhaut hergestellt wurde. Vieles davon ist auch noch erhalten.

Die Bücher, aus denen die Bibel besteht, wurden auf Rollen geschrieben, und Sammlungen dieser Rollen wurden zwischen den frühchristlichen Gemeinschaften weitergegeben.

Erst am Ende des ersten Jahrhunderts wurde das Buchformat entwickelt, genannt Codex, was es ermöglichte, viele Bücher in einem Band zusammenzufassen. Die zwei ältesten vollständigen Bibeln stammen aus dem vierten Jahrhundert: der *Codex Vaticanus*, der im Vatikan aufbewahrt wird, und der *Codex Sinaiticus*, der im *British Museum* in London aufbewahrt wird. Als ich das erfuhr, sprang ich auf mein Fahrrad und fuhr zum *British Museum*, um ihn zu sehen! Falls du ihn auch gerne sehen würdest, und viele andere interessante Stücke der biblischen Archäologie, freust du dich vielleicht zu hören, dass der Eintritt ins *British Museum* immer noch kostenlos ist!

- *Verlässliche Berichterstattung:*
  Wir wollen uns das Neue Testament näher ansehen, das den Kern der christlichen Botschaft enthält. Waren die Originaldokumente wahre Aufzeichnungen der damaligen Ereignisse? Die Qualität jeder Art von Aufzeichnungen kann man aus drei Perspektiven einschätzen:

  1.) *Waren die Schreiber fähig, die Wahrheit zu erzählen?* Die Schreiber des Neuen Testaments waren dicht an den Ereignissen dran, sowohl zeitlich als auch von ihrer geographischen Lage. Petrus war ein Augenzeuge. Johannes schrieb über das, was er „gehört und mit eigenen Augen gesehen" und mit seinen „Händen berührt" hatte (1. Johannes 1,1). Lukas, ein Arzt, betrieb gründliche Recherchen und verfasste seine Schriftstücke aufgrund von Augenzeugenberichten (vgl. 1. Petrus 1,16; 1. Johannes 1,1-4; Lukas 1,1-3).

  Die Schreiber des Neuen Testaments waren dicht an den Ereignissen dran, sowohl zeitlich als auch von ihrer geographischen Lage.

  Es war die Absicht dieser Schreiber, dass zukünftige Generationen mit festem Vertrauen etwas über das Leben und die Lehre von Jesus Christus lesen konnten.

2.) *Waren die Schreiber wahrhaftige Männer?* Ein hoher moralischer Standard war ein wichtiger Bestandteil ihrer Botschaft. Die meisten der Schreiber starben als Märtyrer. Es ist sehr unwahrscheinlich, dass sie bereit gewesen wären, zu sterben, um etwas zu verteidigen, von dem sie wussten, dass es eine Lüge war.

3.) *Wie stellen sich ihre Schriften im Vergleich mit externen Quellen dar?* Zum Beispiel bezieht sich Josephus, ein jüdischer Historiker, in seinem Werk „Jüdische Altertümer" (geschrieben etwa 93 n. Chr.) unter anderem auf Jesus und die Ursprünge des Christentums. Tacitus, der römische Historiker und Senator, erwähnt in seinem Werk „Annalen" (geschrieben 116 n. Chr.) Christus und seine Hinrichtung unter Pontius Pilatus. Ein weiterer römischer Historiker, Suetonius (69-122 n. Chr.), stellt in seinem Werk „Die zwölf Cäsaren" Bezüge zu den frühen Christen her.

> Fakten aus anderen Quellen der Geschichte, Geografie und Archäologie bestätigen die biblischen Erzählungen.

Fakten, die man anderen Quellen der Geschichte, Geografie und Archäologie entnimmt, bestätigen diese biblischen Erzählungen. Es ist daher nach meiner Meinung eine vernünftige Schlussfolgerung, dass die ursprünglichen Autoren die Wirklichkeit so beschrieben, wie sie sie erlebten. Ihr Ziel war es, die Geschichte so wiederzugeben, wie sie sich ereignet hat.

Die Bibel: Wahrheit und Widersprüche

Die nächste Frage ist dann: „Die Manuskripte sind vielleicht verlässlich, aber ist ihr Inhalt wahr? Was machen wir mit den Widersprüchen?" Wenn wir uns der Bibel innerhalb eines starren Denkrahmens nähern, dass kein persönlicher Schöpfergott existieren kann und dass Wunder unmöglich sind, dann sind wir gezwungen, die Bibel als eine Mischung von Geschichte und Märchengeschichten zu interpretieren, die geschrieben wurde, um moralische Lektionen zu erteilen. Das ist eine moderne Ansicht der Aufklärung.

Aber beachte, dass es diese Grundannahme, es könne „keine Wunder geben", ist, die zu dieser Schlussfolgerung zwingt. Die 1960-er brachten das *postmoderne* Denken hervor, das offener zu sein scheint für die Möglichkeit des Übernatürlichen. Sich der Möglichkeit des Übernatürlichen zu verschließen, bedeutet, zu behaupten, dass man alles über das Universum weiß. Sobald wir der Möglichkeit des Übernatürlichen offen gegenüber stehen, können wir die Bibel für sich selbst sprechen lassen.

Durch die ganze Bibel hindurch offenbart sich Gott fortschreitend, indem er uns Einblicke gibt, wie er mit verschiedenen Menschen, Familien und Gesellschaften handelt. Ich habe bemerkt, dass manchmal drei oder vier Freunde alle zur selben Konferenz gehen, denselben Film anschauen oder denselben Urlaub genießen, aber jeder in anderer

Weise davon erzählt. Es kann dabei kleine Unterschiede in ihren Erzählungen geben, von denen einige verschwinden, wenn mehr Details erzählt werden; es sind nur scheinbare Widersprüche.

In derselben Weise enthalten die historischen Erzählungen in der Bibel natürlich einige kleine Unterschiede. Es gibt viele gute Bücher, die diese scheinbaren „Diskrepanzen" im Detail für diejenigen ansprechen, die gerne eigene Untersuchungen zu diesem Thema machen wollen.

Aber nachdem ich einige dieser Bücher selbst gelesen habe, sehe ich nun einen sehr starken und soliden Zusammenhang in der biblischen Botschaft. Insbesondere wenn man bedenkt, dass die Bibel über einen Zeitraum von 1500 Jahren geschrieben wurde, von mehr als 40 verschiedenen Leuten (darunter Könige, Hirten, Regierungsbeamte, Propheten und Priester), auf drei verschiedenen Kontinenten (Asien, Afrika und Europa), in drei Sprachen (Hebräisch, Aramäisch und Griechisch) und über solch ein subjektives und umstrittenes Thema wie den „Glauben". Nach meinem Verständnis unterstützt dieser Zusammenhang die Ansicht, dass in diesem Buch etwas Göttliches zu finden ist.

Ich sehe einen sehr starken und soliden Zusammenhang in der biblischen Botschaft.

Inspiration und Offenbarung

Könnte es sein, dass wir Menschen die Bibel erst in ein göttliches Buch verwandelt haben? Was war die ursprüngliche Absicht der Schreiber? Die Propheten des Alten Testaments fügten gewöhnlich ein „so spricht der Herr" und „das Wort Jahwes kam zu mir" hinzu. Paulus behauptete, dass „das, was ich euch hier schreibe, eine Anweisung des Herrn ist" (1. Korinther 14,37). Jesus sagte: „Dabei kommt das Wort, das ihr hört, nicht einmal von mir, sondern vom Vater, der mich gesandt hat" (Johannes 14,24).

Wie nahmen die Zuhörer und später Leser diese Worte auf? Nachdem sie die Worte gehört hatten, die Mose aufgeschrieben hatte, antworteten die Menschen: „Alles, was Jahwe gesagt hat, wollen wir gehorsam tun" (2. Mose 24,7). Petrus, ein enger Nachfolger von Jesus, beschreibt, dass Menschen, „vom Heiligen Geist gedrängt" (2. Petrus 1,20-21) *von Gott sprachen*; ein Phänomen, das wir heute göttliche *Inspiration* nennen. Der Apostel Paulus behauptete, dass „die ganze Schrift [...] von Gottes Geist gegeben" (2. Timotheus 3,16-17) wurde. Die persönlichen Eigenschaften der vielen verschiedenen Bibelschreiber sind in ihren individuellen Schriften erkennbar, und doch bleibt die Botschaft im Ganzen Gottes Botschaft.

- *Autorität:*
  Von Anfang an wurden die Schriften mit der Absicht geschrieben, als „Wort Gottes" gelesen zu werden. Es ist nicht so, dass ein offizielles Kirchengremium sich entschied, eine Auswahl aus

verschiedenen religiösen Texten zu treffen, die ihnen zur Verfügung standen, und dieser eigenen Auswahl dann Autorität zu verleihen. Viele Rollen von Bibelbüchern wurden weit verbreitet, kopiert und als autoritativ unter der schnell wachsenden Anzahl christlicher Gemeinschaften akzeptiert. Es war die Anerkennung dieser inneren Autorität in den Schriften, die diese Zusammenstellung der Bibel leitete, ein Prozess, den wir heute Kanonisierung nennen.

Daher ziehe ich den Schluss, dass die Gruppe von Individuen, die die Bibel schrieben, ehrliche Leute waren und verschiedene Schreibstile verwendeten, um etwas festzuhalten, was sie erlebt hatten und von dem sie glaubten, dass es real und wahr war. Sie beabsichtigten, für die Nachwelt Beispiele von Gottes einzigartigem Eingreifen in der Geschichte festzuhalten.

Ich komme auch zu dem Schluss, dass es vernünftig ist, zu glauben, dass die Bibel, die ich heute in den Händen halte, eine vertrauenswürdige Kopie dessen ist, was sie ursprünglich geschrieben hatten.

Aber das allein macht die Bibel nicht notwendigerweise zu einer echten Offenbarung Gottes. Wie wir sehen werden, spielt hier Jesus Christus eine entscheidende Rolle.

4

Jesus macht Gott erkennbar

Christen glauben, dass Gottes höchste Offenbarung in der Person von Jesus Christus zu uns kam. Die Worte und das Leben von Jesus *offenbaren* mehr über die Identität dieses persönlichen Schöpfergottes. Weiter behaupten die Christen, dass Jesus *der einzige* Vermittler zwischen Gott und Menschen ist.

Negativ ausgedrückt: Wenn Jesus eine Farce ist, dann ist das ganze Christentum eine Farce. Positiv ausgedrückt: Wenn Jesus der ist, der er behauptet zu sein, dann brauchen alle Menschen Jesus, um den persönlichen Schöpfergott zu erkennen und zu erfahren.

> Wenn Jesus der ist, der er behauptet zu sein, dann brauchen alle Menschen Jesus, um den persönlichen Schöpfergott zu erkennen und zu erfahren.

Es ist daher entscheidend, damit anzufangen, dass wir die Glaubwürdigkeit von Jesus Christus untersuchen. Warum entscheidend? Ist das wirklich wichtig? Bevor wir die Beglaubigung von Jesus untersuchen, wollen wir kurz über die Rolle der *Wahrheit* im Christentum nachdenken.

Ist Wahrheit wirklich wichtig?

Zwischen 1992 und 2007 arbeiteten meine Frau und ich als christliche Missionare in Kolumbien. Es war unsere Berufung, den Leuten dort die gute Botschaft von Jesus zu bringen. Durch Gespräche, Seminare, Vorträge und den Einsatz von schriftlichem und audio-visuellem Material versuchten wir, Leute in Kontakt mit dem auferstandenen Jesus zu bringen.

Wie die meisten Missionare trafen wir von Zeit zu Zeit auf Einwände: „Wieso versucht ihr, euch in unseren normalen Lebensstil einmischen? Warum lasst ihr die Leute nicht einfach glücklich in ihrem eigenen Glauben und ihrer eigenen Kultur leben?" Wenn ich mit solchen Fragen konfrontiert werde, habe ich darauf zwei Standardantworten.

- *Meine Veränderungsantwort:*

  Die christliche Botschaft verändert Menschen zum Besseren. Eingeborene Kulturen sind nicht so „glücklich", wie manche denken. Sie werden meist von ungesundem Aberglauben und einer Angst vor Dämonen und der geistlichen Welt beherrscht. Familien und dörfliche Gemeinschaften sind oft zerstört durch Gewalt, Unmoral und Alkoholkonsum, unter denen Frauen und Kinder am meisten leiden müssen. In höher entwickelten Kulturen leiden viele Leute an einem tiefsitzenden Gefühl der

Die christliche Botschaft verändert Menschen zum Besseren.

Leere und Einsamkeit. Die Botschaft von Jesus und die Gegenwart des Heiligen Geistes beginnen, die einzelnen Menschen zu verändern. Väter hören mit dem Trinken auf und fangen an, sich um ihre Familien zu kümmern. Vergebung stellt zerbrochene Beziehungen wieder her. Ich habe gesehen, wie sich Leben und Gemeinschaften verändert haben!

- *Meine Wahrheitsantwort:*
  Ich bin davon überzeugt, dass die christliche Weltanschauung existenziell vernünftig, gesund und befriedigend ist. Ich werde in Kapitel 6 mehr darüber sagen. Mein Argument ist hier, dass sie mehr als das ist!

Andere Weltanschauungen können auch existenziell belastbar sein, aber die christliche Weltanschauung basiert auf der Wahrheit. Sie basiert auf der Realität, wie sie ist. Sie muss auf Wahrheit gegründet sein.

> Ich bin davon überzeugt, dass die christliche Weltanschauung existenziell vernünftig, gesund und befriedigend ist.

Gottes Offenbarung durch Jesus basiert auf Wahrheitsansprüchen wie: „Ja, ich versichere euch: Wer mir vertraut, hat das ewige Leben“ (Johannes 6,47). Jesus betonte, dass Wahrheit und echte Freiheit verknüpft sind: „Dann werdet ihr die Wahrheit erkennen und die Wahrheit wird euch frei machen“ (Johannes 8,32). Es ist die Konfrontation mit der Wahrheit, die Menschen verändert: „Führe sie durch die Wahrheit ganz auf deine Seite! Dein Wort ist Wahrheit" (Johannes 17,17).

Ich hoffe, du verstehst jetzt, warum die Glaubwürdigkeit von Jesus so wichtig ist. Wir versuchen nicht, Argumente zu finden, um eine Debatte oder einen Streit zu gewinnen. Dies ist keine akademische, theoretische Debatte. Für einige postmoderne Denker sind Wahrheitsansprüche nicht so wichtig. Aber für das Christentum ist die Wahrheit grundlegend. Das Christentum kann nicht zusammen mit der Unwahrheit existieren. Ich hoffe, dass auch du durch diese Seiten zu dem Schluss kommen wirst, dass das Christentum nicht nur existenziell vernünftig, gesund und befriedigend ist, sondern dass es auch wahr ist.

Wer ist Jesus?

Lebte eine historische Person mit dem Namen Jesus vor etwa 2000 Jahren in Palästina? Wie im vorherigen Kapitel gesagt gibt es auch außerhalb der Bibel historische Referenzen auf Jesus. Heute glauben die meisten Historiker genauso an einen historischen Jesus, wie sie an die Existenz des griechischen Philosophen Aristoteles (384-322 v.Chr.) und des römischen Kaisers Konstantin (272-337 n.Chr.) glauben. Die Frage, die mehr herausfordert, ist: Wer war dieser Jesus? Wer behauptete er selbst zu sein? Wofür hielten ihn andere Menschen?

Jesus selbst hatte offensichtlich keine Zweifel an seiner eigenen Identität. Sein moralischer Lebensstil und seine Ethik machen es schwer zu glauben, dass Jesus in irgendeiner Weise ein böser Mensch war oder ein Heuchler, der lebte, um seine Nachfolger zu täuschen.

Aber wir können ihn auch nicht einfach als einen guten Mann oder hervorragenden Morallehrer einstufen. Die Behauptungen von Jesus sind außergewöhnlich. Er behauptete, „der Sohn des Hochgelobten" (Markus 14,61) zu sein, „das Brot des Lebens" (Johannes 6,35), „der Weg [...] die Wahrheit und das Leben" (Johannes 14,6). Er sagte: „Ich war schon da, bevor Abraham überhaupt geboren wurde" (Johannes 8,58). Seine Freunde und Feinde waren gespalten, wenn es um seinen Anspruch auf Göttlichkeit ging. Johannes, einer seiner engsten Jünger, sagt uns, dass Jesus sich selbst als „Fleisch (d.h. Mensch) gewordener Gott" (vgl. Johannes 1,14) sah, und dass Jesus es für wichtig hielt, dass seine Jünger das auch glaubten (siehe auch Johannes 1,1.14; 10,33 und 20,28).

Später formulierte es einer der Schreiber der Bibel so:

„Früher hat Gott viele Male und auf vielfältige Weise durch Propheten zu unseren Vorfahren gesprochen. Jetzt, am Ende dieser Zeiten, sprach er durch den Sohn [= Jesus] zu uns. Ihn hat er zum Erben über alles eingesetzt, ihn, durch den er

das ganze Universum erschuf. Seine Herrlichkeit leuchtet aus ihm und sein Wesen ist ihm völlig aufgeprägt. Durch die Macht seines Wortes trägt er das All. Und nachdem er das Opfer [= sein Tod am Kreuz] gebracht hat, das von Sünden reinigt, hat er den Ehrenplatz im Himmel eingenommen, den Platz an der rechten Seite der höchsten Majestät" (Hebräer 1,1-3).

Das ist eine sehr starke Aussage. Hier wird Jesus Christus unmissverständlich als Person mit göttlichen Eigenschaften präsentiert.

Der jüdische Glaube ist streng monotheistisch. Die Juden haben einen tiefen Respekt vor dem einen und einzig wahren Gott. Es ist daher nicht überraschend, dass es starken Widerstand gegen Jesus' Anspruch auf Göttlichkeit gab. Bei einem bestimmten Ereignis wurde Jesus fast wegen Gotteslästerung gesteinigt: „Denn du machst dich selbst zu Gott, obwohl du nur ein Mensch bist" (Johannes 10,33).

Was überzeugte seine Jünger? Die Worte, die Wunder und das wunderbar selbstlose Leben von Jesus stellten deutlich heraus, dass Jesus kein gewöhnlicher Mensch war. Und dann bestätigte seine Auferstehung unmissverständlich, dass Jesus der war, der er behauptete zu sein. Wenn Jesus seine Auferstehung vorhersagen, dann sterben und wieder zum Leben zurückkehren konnte, dann sollten sicher auch seine anderen Aussagen ernst genommen werden. Paulus formulierte es so: „Ist aber

Christus nicht auferweckt worden, dann ist auch unsere Predigt sinnlos und euer Glaube ist ohne Inhalt“ (1. Korinther 15,14). Das ist eine herausfordernde Aussage. Die Wahrhaftigkeit von Jesus Christus, und damit auch des christlichen Glaubens, steht und fällt mit der Wahrhaftigkeit der Auferstehung. Es ist daher lohnend, sich die Zeit zu nehmen, um die Belege für die Auferstehung von Jesus anzusehen.

> Die Wahrhaftigkeit von Jesus Christus, und damit auch des christlichen Glaubens, steht und fällt mit der Wahrhaftigkeit der Auferstehung.

Die Auferstehung von Jesus

Um die Ereignisse rund um die Auferstehung von Jesus zu untersuchen, brauchst du nicht daran zu glauben, dass die Bibel von Gott eingegeben ist. Für unseren jetzigen Zweck können wir die geschriebenen Berichte der Bibelschreiber mit derselben Vorsicht und Gründlichkeit nehmen und studieren, wie es Wissenschaftler mit jedem anderen historischen Dokument tun. Glücklicherweise beschreiben die Evangelisten die Ereignisse um die Auferstehung von Jesus in ziemlich vielen Einzelheiten.

Natürlich bin ich wie die meisten Leute bei „seltsamen“ und „ungewöhnlichen“ Ereignissen misstrauisch. Der Tod ist eine Realität. Du hast vermutlich schon dieses Gefühl von „Unwiderruflichkeit“ und „Endgültigkeit“ gehabt, wenn du nach der Beerdigung einer Person, die du gut kanntest, nach Hause kamst. Es ist normal, dass tote Leute tot bleiben.

Klingen die Evangeliumsbeschreibungen der Auferstehung wahr? Wegen der Wichtigkeit der Auferstehung für den christlichen Glauben wurde sie über die Jahrhunderte mächtig angegriffen, aber auch heftig verteidigt. Es gibt auch viele nützliche Bücher, die die Belege für die Auferstehung von Jesus im Einzelnen studieren. Hier sind einige Beobachtungen, die mir aufgefallen sind.

Ein leeres Grab

Die jüdischen religiösen Führer, die Jesus hassten, die römischen Autoritäten, die ihn umbrachten, und die niedergeschlagenen Jünger waren sich alle über eine Tatsache einig: Das Grab war leer. Diese Tatsache war eine Blamage für die jüdischen und römischen Autoritäten und wurde zuerst auch von den Jüngern angezweifelt. Was für eine mögliche Erklärung könnte es denn für das leere Grab geben? Es ist nützlich, hier über ein paar der verbreitetsten alternativen Erklärungen nachzudenken:

- *Jesus war gar nicht wirklich gestorben:*
  Das würde bedeuten, dass ein Mann zuerst Folter und eine römische Kreuzigung überlebte, dann drei Tage ohne medizinische Betreuung in einem kalten Steingrab verbrachte, dann einen schweren Stein vom Eingang des Grabes wegschob, das römische Siegel brach, eine Einheit professioneller römischer Soldaten einschüchterte und

schließlich eine Gruppe niedergeschlagener Jünger davon überzeugte, dass er wieder von den Toten auferstanden sei.

Dass die Geschichte so abgelaufen sein soll, klingt nicht wirklich überzeugend. Die römischen Soldaten waren professionelle Todesvollstrecker. Als Jesus am Kreuz hing, durchbohrte ein Soldat seine Seite, wobei er vermutlich nicht nur die rechte Lunge durchlöcherte, sondern auch den Herzbeutel mitsamt Herz, was sicher zum Tod führte. Zeugen berichteten, dass aus der Wunde Wasser und Blut herausflossen. Sein Blut hatte angefangen zu gerinnen. Das passiert nur nach dem Tod. Ich denke, dass es keine vernünftigen Gründe gibt, den Tod von Jesus anzuzweifeln.

Ich denke, dass es keine vernünftigen Gründe gibt, den Tod von Jesus anzuzweifeln.

- *Die Frauen besuchten das falsche Grab:*
  Jesus wurde in einem Grab begraben, das Josef von Arimathäa gehörte, einem Führer des jüdischen Volkes. Könnte es sein, dass die Frauen vor lauter Stress und Müdigkeit das falsche Grab besuchten? Die Jünger bezweifelten ihren Bericht vom leeren Grab. Petrus und Johannes standen sofort auf und rannten hin, um selbst nachzusehen. Es war ganz klar der richtige Ort. Der große Stein war fortbewegt worden. Innen sahen sie die Grabtücher, die Jesus zurückgelassen hatte. Es war das richtige Grab, und es war leer.

- *Die Juden haben den Leichnam gestohlen:*
  Denk daran, es waren die Juden, die die römischen Autoritäten gebeten hatten, Wächter aufzustellen und das Grab zu bewachen, um sicherzugehen, dass der Leichnam nicht entfernt würde (siehe Matthäus 27,58-66). Wenn die Juden den Leichnam von Jesus gestohlen hätten, hätten sie ihn als schlagenden Beweis dafür präsentieren können, dass der ihnen so sehr verhasste christliche Glaube eine Farce wäre. Warum taten sie das nicht? Warum versuchten sie, die römischen Soldaten zu bestechen, anstatt die Leiche öffentlich zu zeigen? Höchstwahrscheinlich doch, weil sie den Leichnam nicht hatten.

- *Die Römer haben den Leichnam gestohlen:*
  Was für ein Motiv hätten die Römer gehabt, die Leiche von Jesus zu stehlen? Die römischen Autoritäten wollten keine religiösen und sozialen Unruhen anstacheln. Römische Soldaten waren unter Androhung der Todesstrafe dazu vergattert, ihre Pflicht zu erfüllen. Als Petrus aus dem Gefängnis entkommen war, „verhörte [Herodes] die Wachen und befahl, sie abzuführen“ (Apostelgeschichte 12,19). Die römischen Soldaten hatten sehr gute Gründe, seinen Leichnam nicht zu stehlen und zu verstecken.

- *Die Jünger haben den Leichnam gestohlen:*
  Schon allein die Tatsache, dass es bis heute das Gerücht gibt, die Jünger hätten den Leichnam

von Jesus aus dem Grab genommen, ist ein weiterer Beleg dafür, dass das Grab leer war. Aber hätten sie seine Leiche gestohlen? Die meisten der Jünger starben den Märtyrertod. Hätten alle diese Männer ihr Leben gegeben, um eine Lüge zu verteidigen – von der sie wussten, dass es eine Lüge war? Hätte der Diebstahl eines toten Körpers eine kleine Gruppe niedergeschlagener Jünger derart inspirieren und verändern können? Das ist sehr unwahrscheinlich. Die Tatsache bleibt: Das Grab wurde leer vorgefunden.

- *Irgendwelche Grabräuber haben den Leichnam gestohlen:*
  Wie hätten sie denn den Stein wegrollen können, während die römische Wache vor dem Grab stationiert war? Hätten solche Räuber den Leichnam genommen, aber das wertvolle Leinen und die Gewürze zurückgelassen? Hätten sie sich die Mühe gemacht, den Leichnam ohne die Tücher absichtlich so zu entfernen, dass es den Eindruck eines Wunders erwecken konnte? (Johannes 20,6-9). Es waren das leere Grab und die Anordnung der Grabtücher, die Johannes davon überzeugten, dass ein Wunder stattgefunden hatte.

Die Augenzeugen

Nach der Auferstehung berichtete eine größere Zahl von Menschen, dass sie Jesus lebendig getroffen hatten. Als er an die Christen in Korinth schrieb, fasste der Apostel Paulus diese Begegnungen wie folgt zusammen:

> *„Ich habe euch in erster Linie das weitergegeben, was ich auch empfangen habe: Christus ist für unsere Sünden gestorben, wie es die Schriften gesagt haben. Er wurde begraben und am dritten Tag auferweckt, wie es die Schriften gesagt haben. Er ist dem Kephas erschienen, dann dem Kreis der Zwölf. Danach erschien er mehr als 500 Brüdern auf einmal, von denen die meisten noch am Leben sind; nur einige sind schon gestorben. Danach erschien er dem Jakobus, dann allen Aposteln. Zuallerletzt erschien er auch mir, dieser ‚Fehlgeburt'." (1. Korinther 15,3-8)*

Wie versuchen einige Skeptiker, diese Geschichten zu erklären?

- *Halluzinationen:*
  Die Erscheinungen von Jesus nach seiner Auferstehung erfüllen nicht die normalen Bedingungen, die für Halluzinationen nötig sind. Die Evangelien berichten, dass Jesus über einen Zeitraum von 40 Tagen elfmal verschiedenen Menschengruppen in verschiedenen Situationen erschien.

  Halluzinationen sind in der Regel Ereignisse, die von denen erwartet werden, die sie erleben, aber die Jünger erwarteten nicht, Jesus wiederzusehen. Die Begegnungen fanden in sehr unterschiedlichen Situationen statt. So zum Beispiel bei einer Gruppe von elf Männern in einem Raum, einer Frau alleine im Garten, einer Gruppe von Fischern am See, zwei Reisenden auf einer Straße, einer Gruppe auf einem Berg. Bei einer Gelegenheit waren, wie in Paulus' vorher zitiertem Brief berichtet, mehr als 500 Menschen zusammen, als Jesus ihnen erschien. Nein, eine Reihe von Halluzinationen erklärt nicht, was damals geschehen ist.

- *Die Geschichte ist eine Legende:*
  Die Zeit zwischen den Ereignissen im Leben von Jesus und den Evangeliumsberichten ist so kurz, dass sie nicht wirklich für die Entstehung einer Legende ausreicht. Viele Leser der Evangelien hatten den auferstandenen Christus selbst gesehen oder kannten jemanden, der ihn gesehen hatte. Paulus' vorher zitierter Brief an die Christen in Korinth wurde etwa 20 Jahre nach der Auferstehung geschrieben. Das lässt nur sehr wenig Zeit für die Entstehung einer Legende.

  Beachte auch, dass Paulus in seiner Liste der verschiedenen Zeugen der Auferstehung hinzufügt: „... von denen die meisten noch am Leben sind" – womit er darauf hinwies, dass man sie im Zweifel befragen konnte. Die Auferstehungsberichte weisen einheitlich und überzeugend auf ein historisches Ereignis hin.

Nachdem wir uns die verschiedenen alternativen Erklärungen für das leere Grab und die anschließenden Erscheinungen des auferstandenen Jesus näher angesehen haben, komme ich zu dem Schluss, dass eine körperliche Auferstehung von Jesus Christus die Erklärung ist, die am besten zu den Belegen passt. Etwas Reales, etwas „Seltsames", etwas sehr Wichtiges ist an diesem ersten Ostersonntag in Jerusalem passiert. Jesus hatte das getan, was er versprochen hatte: „Er ist auferstanden, wie er es gesagt hat" (Matthäus 28,6).

Die Auferstehungsberichte weisen einheitlich und überzeugend auf ein historisches Ereignis hin.

Innerhalb weniger Wochen nach der Auferstehung glaubten in Jerusalem, in derselben Stadt, in der Jesus gekreuzigt worden war, etwa 3000 Leute der Botschaft und konvertierten zum Christentum. Die Belege für die Auferstehung waren überzeugend. Sie waren so überzeugend, dass sogar auch viele religiöse jüdische Führer, die in Jerusalem lebten, Christen wurden: „Das Wort Gottes breitete sich immer weiter aus und die Zahl der Jünger in Jerusalem vermehrte sich stark. Selbst eine große Zahl von Priestern folgte gehorsam dem Ruf zum Glauben" (Apostelgeschichte 6,7).

Von dieser Zeit an sahen die Apostel sich selbst als „Zeuge[n] seiner Auferstehung" (Apostelgeschichte 1,22). Diese Explosion des Christentums aus dem Judentum heraus sowie das Zeugnis von Millionen veränderter Leben bis heute sind unerklärlich ohne die reale körperliche Auferstehung von Jesus Christus.

Eine veränderte Gemeinschaft

Es hatte die Jünger von Jesus inspiriert, Zeugen seines Lebens zu sein. Dass sie dann Zeugen seines Todes wurden, hatte sie erschreckt und deprimiert. Aber als Zeugen seiner Auferstehung wurde diese Gruppe entmutigter Jünger in kühne und furchtlose Aktivisten verwandelt, die „die ganze Welt in Aufruhr" (Apostelgeschichte 17,6) versetzten. Warum hatte die Auferstehung von Jesus so starke Auswirkungen auf sie? Weil sie deren Wichtigkeit richtig deuteten, nämlich dass Jesus Christus „sich durch die Auferstehung aus den Toten und in der Kraft des Heiligen Geistes als Sohn Gottes erwiesen hat" (Römer 1,4). Der Tod und die Auferstehung von Jesus bestätigten seine Identität und bewiesen, dass seine Worte die Worte Gottes selbst waren.

> Der Tod und die Auferstehung von Jesus bestätigten seine Identität.

Die körperliche Auferstehung von Jesus ist definitiv ein „seltsames" Ereignis – ein übernatürliches Geschehen. Wenn es aber wahr ist, dass Jesus der ist, der er behauptet zu sein, dann ist seine Auferstehung nicht länger solch ein „seltsames" Ereignis. Sie folgt ganz natürlich der christlichen Botschaft, dass Jesus „ausgeliefert wurde wegen unserer Verfehlungen und auferweckt wurde für unseren Freispruch" (Römer 4,25). Sie ist eine starke Bestätigung der Selbstoffenbarung Gottes in Jesus Christus.

Weiterhin zeigen Leben, Tod und Auferstehung von Jesus Christus, dass dieser persönliche Schöpfergott die Menschheit liebt, dass er sehr große Anstrengungen unternommen hat, um mit uns zu kommunizieren, und dass er die Macht über den Tod hat – unseren ultimativen Feind! Was ist einzigartig an Gottes Offenbarung durch Jesus Christus? Das werden wir im folgenden Kapitel untersuchen.

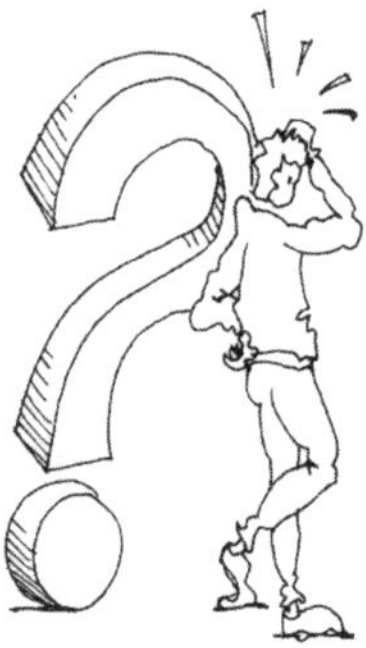

5

Jesus ist der einzige Vermittler

Um die besondere Position von Jesus Christus in der Beziehung zwischen Gott und Menschen zu verstehen, müssen wir darüber nachdenken, wozu er gekommen ist. Die Mission von Jesus war viel größer, als einfach nur zu heilen, zu lehren und uns zu zeigen, wie wir leben sollen.

In unserem Innersten haben wir Menschen ein Problem, das gelöst werden muss. Die Bibel nennt dieses Problem die Sünde. Wir haben eine starke Neigung dazu, unser Leben auf unsere eigene Weise zu leben und Gottes Willen und Plan zu ignorieren. Wir hassen den Gedanken, irgendwie vor Gott verantwortlich zu sein.

In unserem Innersten haben wir Menschen ein Problem, das gelöst werden muss. Die Bibel nennt dieses Problem die Sünde.

Genau diese Haltung und die daraus folgenden Taten sind das, was als Sünde bezeichnet wird. Die Sünde trennt uns von Gott: „Eure Vergehen haben die Mauer gebaut, die zwischen euch und eurem Gott steht" (Jesaja 59,2). Tatsächlich führt die Sünde dazu, dass etwas in uns tot ist, und dieses Tote macht es uns unmöglich, in einer Beziehung mit Gott zu leben; in biblischen Worten: „Ihr [wart] durch eure Sünden und Verfehlungen tot" (Epheser 2,1). Und das ist eine ernste Lage, denn der Schöpfergott liebt die Menschen und wünscht sich sehr, eine Beziehung mit jedem von uns zu haben.

Was ist Sünde? Sünde ist mehr als ein Katalog schlechter Dinge. Im Wesentlichen besteht Sünde darin, das von Gott beabsichtigte Ziel unserer Existenz zu verfehlen, Gottes Plan für unser Leben.

Stell dir vor, du würdest mit deinen Zähnen Nägel aus einer Wand ziehen. Stell dir vor, du würdest einem Pferd Benzin geben, damit es schneller läuft. Stell dir vor, du würdest Tischtennis mit deinem Handy spielen. Stell dir vor, du würdest auf deinen Händen laufen. Wir könnten vielleicht diese seltsamen Verhaltensweisen als „sündige Taten" beschreiben – nämlich als Handlungen, die mit ihrem Ziel, mit ihrem Plan oder ihrem Zweck in Konflikt stehen.

Wenn wir hören, dass Kinder sexuell missbraucht werden oder eine Frau vergewaltigt wird oder dass schutzlose, arme Leute von den Reichen und Mächtigen ausgebeutet werden – dann haben wir dieses tiefsitzende Gefühl, dass das nicht dem entspricht, wie das Leben sein sollte, dass es falsch ist, dass es Sünde ist. Etwas in uns schreit nach Gerechtigkeit. Tatsächlich macht die Bibel deutlich, dass die Gerechtigkeit verlangt, dass *alle* Sünden bestraft werden,

Wir sind *alle* Sünder und verdienen Strafe.

auch deine und meine. Wir sind *alle* Sünder und verdienen Strafe. Denk einmal für einen Moment in Ruhe darüber nach. Hat dich diese Wahrheit schon getroffen? Ist der „Groschen gefallen"? Ohne ein tiefes Bewusstsein für deinen traurigen Zustand bleibt der Zweck des Kommens von Jesus für dich eine ferne und intellektuelle Angelegenheit.

Dieses persönliche Bewusstsein der Sünde, ein Schuldgefühl oder das Anerkennen, dass wir etwas getan haben, das eine Strafe verdient, löst bei manchen Leuten den Drang aus, Gott und seine Vergebung zu suchen. Andere werden müde, ihrem persönlichem Komfort und Statussymbolen hinterher zu jagen. Ein tiefsitzendes Gefühl, dass ihr Leben irgendwie leer ist, weil ihm Sinn und Ziel fehlen, kann bei manchen Leuten auch den Drang wecken, Gott zu suchen, eine Beziehung mit ihm zu suchen.

> Der persönliche Schöpfergott liebt uns, er wünscht sich eine Freundschaft mit uns, aber unsere Sünde trennt uns von ihm.

Die Bibel enthüllt dieses große Dilemma: Wie kann ein vollkommener, heiliger, gerechter Gott eine Beziehung mit sündigen Leuten wie dir und mir haben? Der persönliche Schöpfergott liebt uns, er wünscht sich eine Freundschaft mit uns, aber unsere Sünde trennt uns von ihm. Und das ist der Punkt, an dem die einzigartige Mission von Jesus Christus ins Spiel kommt. Durch die ganze Bibel hindurch spielen Jesus, sein Tod und seine Auferstehung eine entscheidende Rolle.

Die vorbereitenden Konzepte

Alle Offenbarungen Gottes vor der Ankunft von Jesus wiesen auf diesen historischen Höhepunkt hin: auf Jesus, seinen notwendigen Tod und die Auferstehung. Alles, was Gott heute tut und in der Zukunft tun wird, weist zurück auf diesen historischen Höhepunkt: auf Jesus, seinen notwendigen Tod und die Auferstehung.

Interessanterweise gab Gott den Juden, die vor Christus lebten, die Anweisung, Tiere zu opfern, was uns heute dabei hilft, die Notwendigkeit und die Bedeutung des Opfers von Christus verstehen. Das Opferritual eines Tieres anstelle eines schuldigen Sünders beinhaltete ein äußerst lehrreiches Element. Diese Rituale waren dazu gedacht, uns wenigstens drei wichtige Gesetze oder Konzepte zu lehren:

- *Gerechtigkeit:*
  Die Strafe für Sünde ist der Tod. Sünde kann nicht einfach gelöscht oder weggewünscht werden, und „ohne das Blut eines Opfers gibt es keine Vergebung" (Hebräer 9,22). Wir sind vielleicht geneigt, das Problem unserer Sünden ziemlich locker zu nehmen, aber Gott tut es nicht. Tatsächlich kann er es nicht, da er absolut gerecht und rein ist!

Die Strafe für Sünde ist der Tod.

- *Stellvertretung:*
  Schuld und Strafe können auf einen anderen gelegt werden. Indem man seine Sünde bekannte,

während man die Hand auf den Kopf eines Tieres legte, wurde die Schuld des schuldig Gewordenen auf das Tier gelegt. Das Tier starb dann anstelle des Schuldigen. Diese gesetzliche Stellvertretung ist nicht normal. So etwas gibt es in unseren modernen Rechtssystemen nicht. Wenn dein Freund zu fünf Jahren Gefängnis verurteilt wird, muss er ins Gefängnis gehen. Du kannst nicht als Stellvertreter für ihn ins Gefängnis gehen.

- *Vorläufigkeit:*
  Gott hatte versprochen, eines Tages ein endgültiges Opfer für die Sünde bereitzustellen. Alle Tieropfer vor Christus waren unvollkommen, zeitlich begrenzt und vorläufig. Sie konnten niemals das Sündenproblem wirklich lösen. Sie waren nötig, aber nur, um auf das ultimative Opfer für die Sünde hinzudeuten (siehe Hebräer 7,27; 9,12). Und hier kommt die einzigartige Mission von Jesus Christus ins Spiel.

Die „Jesus-Lösung"

Wozu kam Jesus Christus? Wenn es nur Gottes Ziel gewesen wäre, uns etwas zu lehren, hätte er mehr Propheten schicken können. Wenn es nur darum gegangen wäre, ein Beispiel für ein gutes Leben zu geben, hätte Gott dies durch eine Gruppe guter Menschen zeigen können, die Gottes Plan für die Menschheit im persönlichen Leben, im Geschäftsleben, im Familienleben etc. vorgelebt hätten. Natürlich *lehrte*

Jesus und gab uns ein *Beispiel* für ein gutes Leben, jedoch ging seine Mission weit darüber hinaus.

Als Jesus seinen öffentlichen Dienst begann, zeigte Johannes der Täufer auf ihn und sagte: „Seht, das ist das Opferlamm Gottes, das die Sünde der ganzen Welt wegnimmt" (Johannes 1,29). Diese wichtige Aussage erklärte die Mission von Jesus und gebrauchte dazu die Sprache des jüdischen Tieropferrituals. Jesus war das von Gott bereitgestellte Lamm, um den Preis für die Sünde der Menschheit zu bezahlen.

Jahrhunderte vor Christus hatte Gott bereits durch die Propheten gesprochen, um den Opfertod von Jesus Christus vorherzusagen. Zum Beispiel hatte der Prophet Jesaja 700 Jahre vorher den Zweck des Todes von Christus so erklärt: „Doch man hat ihn durchbohrt wegen unserer Schuld ... Für unseren Frieden ertrug er den Schmerz ... Ihm lud [der Herr] unsere ganze Schuld auf" (Jesaja 53,5.6).

Der Tod von Jesus war daher kein bedauerlicher Unfall. Er kam in die Welt, um dieses endgültige und letzte Opfer für Sünden zu werden. Kein Mensch konnte das tun, was Jesus tat. Wir alle sind selbst schuldige Sünder und daher können wir nicht die Strafe eines anderen übernehmen. In diesem wichtigen Moment der Geschichte nahm Jesus, der einzige Sündlose, das Lamm Gottes, die Strafe auf sich, die unsere Sünden verdienten.

Jesus kam in die Welt, um das endgültige und letzte Opfer für Sünden zu werden.

Jesus selbst erklärte seine Mission so: „Auch der Menschensohn [Jesus Christus] ist nicht gekommen, um sich bedienen zu lassen, sondern um zu dienen und sein Leben als Lösegeld für viele zu geben" (Matthäus 20,28). Er sprach oft von der Notwendigkeit seines Todes und davon, sein Leben als Opfer für Sünder zu geben.

Seine Jünger, die erwarteten, dass Jesus sich als Befreier, als siegreicher Messias zeigen würde, waren verwirrt, als Jesus darauf bestand, dass er zur Erfüllung seiner Mission sterben und auferstehen musste (siehe Markus 8,31). Ich habe den Eindruck, dass die Jünger erst nach der Auferstehung die Großartigkeit und Einzigartigkeit der Mission von Jesus verstanden.

Ist Jesus die einzige Lösung?

Viele von uns leben in toleranten Gesellschaften, in denen alle religiösen Überzeugungen als gleichwertig angesehen werden sollen. Heute scheint jeder Einzelne damit glücklich zu sein, seine eigene Version der „Wahrheit" zu haben. Natürlich sollte jeder Mensch respektiert werden.

Aber ganz sicher können zwei sich widersprechende Aussagen nicht beide wahr sein. Ein Licht kann nicht gleichzeitig ein- und ausgeschaltet sein. Ein Shirt kann nicht sowohl blau als auch nichtblau sein. Gott kann nicht persönlich und unpersönlich sein. Gott ist der, der er ist, und alle richtigen Aussagen über ihn müssen wahr sein, und folgerichtig sind alle verkehrten Aussagen über ihn notwendigerweise falsch.

Die Wahrheit ist nicht flexibel. Tatsächlich führt die Wahrheit, wenn man sie richtig definiert, zu einer Spaltung – denn sie steht im Gegensatz zum Unwahren. Wenn Jesus wirklich der ist, der er behauptet zu sein – „Fleisch gewordener Gott" – sollten wir alles, was er gesagt hat, als wahr annehmen.

> Die Wahrheit ist nicht flexibel.

Jesus sagte Dinge wie: „Niemand kennt den Vater wirklich außer dem Sohn und denjenigen, denen der Sohn es offenbaren will" (Matthäus 11,27) und: „Ich bin der Weg! [...] Ich bin die Wahrheit und das Leben! Zum Vater kommt man nur durch mich" (Johannes 14,6). Jesus behauptete nicht, „eine" Lösung zu sein, sondern „die" Lösung. Er behauptete nicht, „ein" Weg zu sein, sondern „der" Weg. Wenn diese Behauptung wahr ist, führt der einzige Weg, um mit diesem persönlichen Schöpfergott in Kontakt zu treten, über Jesus. Kein anderer Weg existiert.

> Jesus behauptete nicht, „ein" Weg zu Gott zu sein, sondern „der" Weg.

Bei einer anderen Gelegenheit drückte Jesus dies noch einmal deutlich, aber auf persönlichere Weise aus: „Denn wenn ihr nicht glaubt, dass ich der bin, auf den es ankommt, werdet ihr in euren Sünden sterben" (Johannes 8,24). Jeder von uns muss selbst darauf reagieren. Die Apostel verstanden, dass das ihnen anvertraute Evangelium nicht nur wirksam war, sondern auch auf einzigartige Weise notwendig, und das feuerte ihren evangelistischen Eifer an. Als sein Leben von fanatischen religiösen Gegnern bedroht wurde, hatte Petrus den Mut zu sagen: „In keinem anderen ist Rettung zu finden, denn unter dem ganzen Himmelsgewölbe gibt es keinen vergleichbaren Namen. Nur dieser Name ist den Menschen gegeben worden. Durch ihn müssen wir gerettet werden" (Apostelgeschichte 4,12).

Wenn andere Religionen, spirituelle Übungen oder Philosophien uns in Harmonie mit Gott bringen könnten, wäre der Opfertod von Jesus am Kreuz nicht nötig gewesen. Leben, Tod und Auferstehung von Jesus waren keine einfache Mission. Es war eine einmalige und endgültige extreme Intervention.

Die Tatsache, dass Jesus sterben musste, überzeugt mich, dass es keinen anderen Weg zur Rettung der Menschheit gab. Es gab keinen anderen Weg, um unserem Problem der Sünde ein definitives Ende zu setzen. Der persönliche Schöpfergott bezahlte einen sehr hohen Preis, um die Rettung möglich zu machen, und er sagt uns, dass wir an Jesus glauben sollen.

> Der persönliche Schöpfergott bezahlte einen sehr hohen Preis, um unsere Rettung möglich zu machen.

Die Einzigartigkeit von Jesus Christus und die Ausschließlichkeit der christlichen Botschaft haben nichts mit religiöser Engstirnigkeit, Hochmut oder Arroganz zu tun. Wenn Jesus die wahre Lösung ist, ist er auch die einzige Lösung.

Greifen wir noch einmal die drei Beispiele auf, über die wir zu Beginn von Kapitel 3 nachgedacht haben: Wenn die Lösung X=8 zu unserer Gleichung von 7+X=15 passt, kann X nicht auch noch 3 oder 10 sein. Wenn Jesus der „richtige Schlüssel" zum Öffnen deiner Eingangstür ist, dann brauchst du keinen anderen Schlüssel – weil er uns sagt, dass es nur einen Schlüssel gibt. Wenn Jesus das „richtige Passwort" ist, das dir Zugang zu deinem E-Mail-Konto gibt, dann brauchst du keine anderen auszuprobieren – weil er uns sagt, dass es kein anderes Passwort gibt. Wir können Jesus annehmen oder ablehnen. Aber seine Botschaft erlaubt keinen Kompromiss.

Wir können Jesus annehmen oder ablehnen. Aber seine Botschaft erlaubt keinen Kompromiss.

Der Apostel Paulus erklärt die einzigartige Rolle von Jesus so: „Er will ja, dass alle Menschen gerettet werden und die Wahrheit erkennen. Denn es gibt nur einen Gott und nur einen Vermittler zwischen Gott und den Menschen: Das ist Jesus Christus, der Mensch wurde und sich selbst als Lösegeld für alle ausgeliefert hat" (1. Timotheus 2,4-6). Jesus wird als Vermittler zwischen Gott und Menschen vorgestellt, als der einzige Vermittler.

Kannst du erkennen, wie entscheidend wichtig und einzigartig Jesus Christus ist? Glaubst du, dass er der ist, der er behauptet zu sein? Solch ein Glaube wird unvermeidlich unseren Lebensstil verändern.

Viele haben nicht davon gehört

Sobald wir verstehen, dass Jesus der einzige Weg ist, tauchen zwei Fragen auf. Die erste betrifft den Zustand aller Menschen, die vor Jesus gelebt haben oder in Gegenden der Erde, wo der Name Jesus noch nie gehört wurde. Wie begegnet Gott den Millionen von Menschen heute, die in anderen Religionen oder in nichtreligiösen Traditionen aufgewachsen sind? Die zweite Frage ist persönlicher und betrifft die Art, wie du und ich uns Gott durch Jesus nähern können. Einfach gesagt: Wie können wir gerettet werden oder wie können wir von Jesus' Opfertod profitieren? Wir werden diese zweite Frage in den letzten beiden Kapiteln besprechen.

Der Zustand der Menschen, die nie von Jesus gehört haben, muss im Zusammenhang der Offenbarung Gottes in der Bibel verstanden werden. Unser Denken muss den folgenden vier biblischen Grundsätzen gerecht werden:

- *Jesus ist der einzige Weg:*
  Jesus ist der notwendige, ausschließliche und ausreichende Vermittler. Ohne Jesus gibt es keine Rettung – wie wir bereits besprochen haben.

- *Die Gerechtigkeit wird sich durchsetzen:*
  Der in der Bibel geoffenbarte Gott ist moralisch gut und gerecht. Er richtet gerecht (siehe 1. Petrus 2,23). Daher wissen wir, dass niemand irgendwann ungerecht verurteilt wird.

- *Gott hat eine tiefe Liebe zu jedem Menschen:*
  Gott „hat Geduld mit euch, denn er will nicht, dass irgendjemand ins Verderben geht, sondern dass alle Gelegenheit haben, zu ihm umzukehren“ (2. Petrus 3,9). Weil Gott alle Menschen liebt, hat er sein Äußerstes getan, tut es immer noch und wird es tun, um so viele wie möglich zu retten. Er sehnt sich nach einer lebendigen Beziehung mit dir, mit mir und allen anderen.

- *Gott belohnt ernsthaft Suchende:*
  Gott hat versprochen, sich jedem zu offenbaren, der ihn aufrichtig sucht: „Wenn ihr mich sucht, werdet ihr mich finden. Ja, wenn ihr von ganzem Herzen nach mir fragt“ (Jeremia 29,13). Wie? Der persönliche Schöpfergott, wie er in der Bibel offenbart ist, ist sehr kreativ, wenn es um Kommunikation geht. Ich habe keine Zweifel, dass Gott das erfüllen wird, was er ausdrücklich versprochen hat.

Gott hat versprochen, sich jedem zu offenbaren, der ihn aufrichtig sucht.

Wenn man diese vier Wahrheiten zusammen nimmt, stellen sie Gottes Offenbarung ausgewogen dar. Sie geben keine direkte Antwort auf jede Frage, die ich habe, aber sie bieten einen Rahmen für mein Denken. Manche Christen fürchten, dass der vierte Punkt christlich-missionarische Bemühungen bremsen könnte. Ich sehe dieses Problem nicht. Sicher benutzt Gott Christen, um dem Rest der Welt das Evangelium von Jesus weiterzusagen, aber Gottes Fähigkeit, sich denen zu offenbaren, die ihn noch nicht kennengelernt haben, hängt nicht ausschließlich von unseren wohlgemeinten und oft unvollkommenen Missionsversuchen ab. Missionare und Evangelisten, wie auch alle wiedergeborenen Christen, verbreiten das Evangelium in der ganzen Welt, weil wir alle berufen und von Gott dazu gesandt sind (siehe Römer 10,14-17).

Manchmal wirkt Gottes Geist mit uns oder durch uns, aber er kann auch direkt handeln. Manche Leute öffnen sich Gott und seiner Offenbarung, indem sie die Bibel lesen. Andere tun es, indem sie die Erklärungen und Lebenserfahrungen von Christen lesen oder hören. Anderen offenbart sich Gott direkt, zum Beispiel durch einen Traum, eine Stimme, eine Vision oder eine andere besondere Erfahrung. Ich höre aus verschiedenen Quellen, dass sich heute viele Muslime im Glauben an Jesus wenden, als Reaktion darauf, dass Jesus sich ihnen selbst durch Träume offenbart. Gott ist ein souveräner Gott. Er war es immer, und er wird es immer sein.

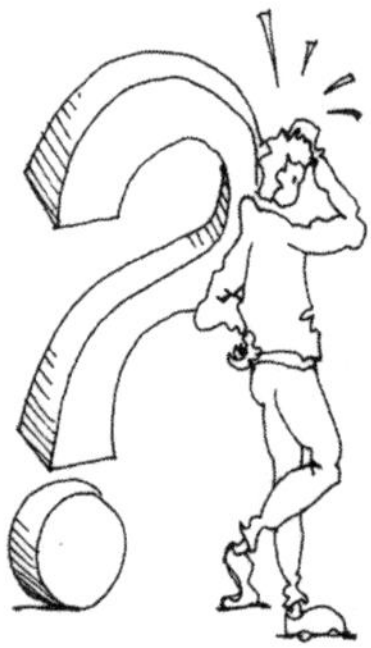

6

Es ergibt einen Sinn und ist existenziell befriedigend

Ich habe festgestellt, dass Freunde mit einem *modernen* Denkansatz wissen wollen, ob das Christentum in sich schlüssig, rational oder *wahr* ist. Dagegen interessieren sich Freunde mit einer eher *postmodernen* Weltanschauung nicht so sehr für Wahrheitsfragen, sondern vielmehr für die Frage, ob sich das Christentum richtig anfühlt, ob es unsere inneren Bedürfnisse befriedigt, ob es *funktioniert.*

Die christliche Weltsicht ist nicht nur wahr, sie hilft uns auch, uns selbst und die Welt, in der wir leben, zu verstehen – sie bringt Licht in den Zweck unserer Existenz und lehrt uns, wie wir leben sollen. C. S. Lewis, ein konvertierter Atheist, kam zu der Überzeugung, dass das Christentum nicht nur in sich selbst schlüssig ist, sondern dass es auch die Fähigkeit hat, allem anderen einen Sinn zu geben. Er formulierte es so: „Ich glaube an das Christentum so, wie ich daran glaube, dass die Sonne aufgegangen ist, nicht nur, weil ich sie sehe, sondern weil ich durch sie alles andere sehe."[2] In diesem

Kapitel möchte ich gerne das Christentum mit den Augen eines postmodernen Denkers untersuchen. Wie stabil ist die christliche Weltanschauung?

Eine Weltanschauung wählen:
Eine Weltanschauung ist die Art, mit der wir das Leben und die Welt um uns herum betrachten. Wir könnten sie mit einer Brille vergleichen. Wir sehen, interpretieren und beurteilen die Realität durch diese Brille. Manchmal bringt uns die von uns benutzte Brille Klarheit, und manchmal kann sie die Realität verzerren. Eine Weltanschauung ist ein grundlegendes System von Glaubensannahmen (und die können wahr, halbwahr oder falsch sein), von denen wir ausgehen, um das Leben zu verstehen.

Jeder lebt mit einer bestimmten Weltanschauung, manche bewusst, die meisten aber unbewusst. Wir übernehmen eine Weltsicht von unserer Familie, die sich dann weiter entwickelt, wenn wir heranwachsen, lesen, denken und uns mit der Gesellschaft auseinandersetzen. Das Glaubenssystem innerhalb unserer Weltanschauung gibt uns Antworten auf die großen Fragen des Lebens wie zum Beispiel: „Wer bin ich? Wie soll ich leben? Was ist richtig und was ist falsch? Wo komme ich her? Was passiert nach dem Tod? Gibt es jemanden hinter unserem materiellen Kosmos?“ usw. Ergibt eine christliche Weltanschauung Sinn? Fühlt sie sich richtig an?

Um die Belastbarkeit der christlichen Weltanschauung aus einer *postmodernen* Perspektive zu untersuchen, werden wir die praktischen Antworten betrachten, die das Christentum zu vier wichtigen Lebensfragen anbietet.

a) Leiden: Warum? Wie kann ich damit umgehen?

Jede Weltanschauung muss die Existenz von Schmerz und Leid berücksichtigen. Es gibt *intellektuelle* Fragen wie: „Warum existiert das Leid? Warum würde ein guter, allmächtiger Gott so viel Leid in dieser Welt zulassen?" Und dann gibt es die *existenziellen* Fragen wie: „Wie gehe ich mit einem leidenden Partner um? Wie kann ich mit meiner sich verschlechternden Gesundheit leben?"

Vor kurzem verlor Roelof, einer der Gitarristen in unserer Gemeinde, sein Gleichgewicht auf dem Motorrad, stürzte und wurde überfahren. Er starb. Carolyn, die Frau meines jüngeren Bruders John, leidet nun seit mehr als 15 Jahren an einer sich verschlimmernden Multiplen Sklerose. Sie ist Anfang 50, an einen Rollstuhl gefesselt und muss mit vielen ernsthaften Einschränkungen leben. Es ist hart für sie, für John und für ihre Kinder. Was für eine Hilfe kann die christliche Weltanschauung der Familie von Roelof in ihrer Trauer bieten? Welche Stütze kann sie Carolyn und denen, die sie lieben, geben?

Für die militanten Atheisten ist alles Leid zweck- und sinnlos. Sie argumentieren, dass Leid einfach das ist, was sie naturgemäß in einem Universum „ohne Gott“ erwarten würden. Die meisten Menschen finden diese kalte Antwort existenziell nicht befriedigend. Wenn andere Weltanschauungen mit dieser wesentlichen Verbindung zwischen Liebe und Schmerz konfrontiert werden, versuchen sie, das Menschsein von der materiellen Welt abzukoppeln. Ihr einfaches Motto ist: Je weniger du begehrst und je weniger du liebst, desto weniger Schmerz wirst du erfahren. Dies ist wahr und es funktioniert, aber es verringert auch den Wert des Lebens. Liebe und Begehren wegzustreichen macht das Leben ziemlich hohl, freudlos, sogar sinnlos.

Liebe spielt eine sehr wichtige Rolle in der christlichen Weltsicht. Sie kann nicht erzwungen werden. Damit wir lieben können, müssen wir erst frei werden, uns selbst entscheiden zu können. Weil Gott uns liebt und sich sehr wünscht, dass du und ich ihn ebenfalls lieben, war es notwendig, den Menschen eine Entscheidungsfreiheit zu geben. Aber das war riskant. Mit dieser Freiheit können sich viele dafür entscheiden, Gott nicht zu lieben, sondern stattdessen ihren eigenen, egoistischen Träumen nachzujagen. Als Konsequenz unserer egoistischen Entscheidungen können wir uns selbst und auch andere verletzen.

Eine Welt ohne Liebe wäre schlimmer als eine Welt mit Schmerz und Leid.

Wenn nun eine so enge Beziehung zwischen Liebe und Schmerz besteht, ist die Liebe das wert?

Vielleicht weiß Gott, dass eine Welt ohne Liebe schlimmer wäre als eine Welt mit Schmerz und Leid.

Was lehrt die Bibel über das Leid? Die Bibel enthält viele Geschichten von Wunderheilungen, aber sie stehen nicht im Mittelpunkt der göttlichen Offenbarung zu diesem Thema. Vielleicht ist es überraschend, dass die Bibel viel mehr Geschichten von leidenden Leuten enthält, die nicht geheilt werden, nicht von der Folter befreit werden, nicht vor dem Tod durch Steinigung, vor dem Zersägtwerden, vor einer Hinrichtung durch das Schwert gerettet werden (siehe: Apostelgeschichte 7,54-60; 2. Korinther 12,7-10; 2. Timotheus 4,20; Hebräer 11,35-38). Diese zahlreichen biblischen Geschichten demonstrieren die Tatsache, dass es viele verschiedene Gründe hinter unserem Schmerz und Leid gibt.

Der Schmerz ist an sich weder gut noch böse. Ein brennendes Gefühl bringt uns dazu, unsere Hand vom Feuer wegzunehmen. Leid kann freilegen, was in unserem Herzen ist, und es kann dazu gebraucht werden, unseren Charakter zu formen. Manchmal kann das Leid einfach eine natürliche Folge unserer schlechten Entscheidungen im Leben sein oder das Resultat davon, dass wir in einer gefallenen Welt leben.

Hinter diesen und vielen anderen möglichen Gründen steht eine gemeinsame Botschaft der Hoffnung: Gott lässt Schmerz und Leid nur zu einem bestimmten Zweck zu. Manchmal wird dieser

Zweck offenbar, aber oft bleibt er aufgrund unserer beschränkten Sicht auf das Leben ein Geheimnis. In Gottes globaler und zeitloser Sicht der Dinge kann mein Leid einen Grund haben, der jenseits dessen liegt, was ich in meinem direkten Umfeld überblicken kann. Das klassische biblische Beispiel des Leidens ist Hiob, und ihm wurde nie der Zweck seines tiefen Leids mitgeteilt. Gegen Ende der Geschichte, an ihrem Höhepunkt, fragt Gott Hiob sinngemäß: „Wo warst du, als ich die Welt geschaffen habe? Vertrau mir!“

Gott lässt Schmerz und Leid nur zu einem bestimmten Zweck zu.

Die christliche Weltsicht gibt keine einfache Antwort auf das Problem von Schmerz und Leid, aber ich denke, sie gibt uns einen Rahmen, der uns hilft, damit zu leben. Wir werden nicht aufgefordert, „Gott zu verstehen“ – was er tut oder warum er bestimmte Dinge zulässt – aber wir werden dazu eingeladen, „Gott zu vertrauen“.

Unser Schöpfergott weiß, wie es ist, abgelehnt und falsch angeklagt zu werden, ungerecht zu leiden und stärkste Schmerzen zu erfahren.

Das Einzigartige an dieser Weltanschauung ist, dass das Kreuz von Jesus Christus im Zentrum der christlichen Botschaft steht, als eine deutliche Erinnerung daran, dass unser Schöpfergott weiß, wie es ist, abgelehnt und falsch angeklagt zu werden, ungerecht zu leiden und stärkste Schmerzen zu erfahren. Gott identifiziert sich wirklich mit unserem körperlichen und seelischen Leiden. So ist Gott. Heute leidet er in sehr realer Weise an unserer Seite. Wenn sich die Familien von Roelof, Carolyn oder andere Leidende an Gott wenden, dann wenden sie sich an jemanden, der ihre Situation kennt, versteht und mitfühlt. Die christliche Weltanschauung beantwortet nicht alle unsere Fragen, aber sie gibt uns Kraft und Hoffnung zum Leben.

b) Identität: Wer bin ich? Wer sind die anderen?

Die christliche Weltanschauung stellt Gott nicht nur als Schöpfer des unbelebten Universums, sondern auch aller Lebensformen dar. Und das menschliche Leben ist dabei besonders interessant. Wenn ein Löwe, Bär oder Hund einen ahnungslosen, unschuldigen Passanten bösartig anfällt, dann verstehen wir, dass er von natürlichen Instinkten getrieben wird.

Aber wenn ein Mensch einen ahnungslosen, unschuldigen Passanten bösartig anfallen würde, würden wir anders reagieren. Wir ziehen Menschen für ihre Handlungen zur Rechenschaft (Gott tut das übrigens auch). Wir stellen Menschen vor Gericht, weil wir nicht nur als eine Summe aus Instinkt und Gelerntem erklärbar sind; wir sind moralische Wesen. Menschen und Tiere gehören nicht in dieselbe Kategorie. Die Bibel erklärt diesen Unterschied so: „Da schuf Gott den Menschen nach seinem Bild, als sein Ebenbild schuf er ihn. Er schuf sie als Mann und Frau" (1. Mose 1,27). Gottes Fingerabdrücke können in der ganzen Schöpfung gefunden werden, aber in den Menschen erkennen wir auf eine einzigartige und tiefgründige Weise etwas von Gott.

Im Bild Gottes geschaffen: Was heißt das? Auf welche Weise sind wir Gott ähnlich, und wie unterscheiden wir uns von Tieren? Denk mal über die folgenden interessanten Unterschiede nach:

- Wir sind *kreative Wesen*. Einem inneren Instinkt folgend bauen *Vö*gel ihr Nest jedes Jahr fast genau gleich. Wir Menschen probieren Neues aus!

- Wir sind *intelligente Wesen*. Wir haben die Fähigkeit, zu verstehen, zu denken und mit abstrakten Ideen zu spielen. Wir können einem Argument folgen. Wir sind uns unserer selbst bewusst. Wir stellen „Warum"-Fragen. Wir suchen nach Sinn und Bedeutung. Wir können über die Ewigkeit nachdenken.

- Wir *schätzen Schönheit*. Wenn ein Wanderer und sein Hund einen Berggipfel erreichen, sucht der Hund nach einem Schattenplatz zum Ausruhen. Der Wanderer betrachtet die inspirierende Landschaft unter sich ... er genießt und staunt! Etwas in uns sagt: „Wow!", wenn wir eine besondere Mischung von Farben, Gerüchen oder musikalischen Klängen erleben.

- Wir sind *moralische Wesen*, wie wir schon früher besprochen haben. Etwas tief in uns „weiß", wenn etwas falsch ist. Wir Menschen haben eine tiefe, innere Sehnsucht nach Gerechtigkeit.

- Wir haben die *Fähigkeit zur Liebe*. Und das geht eindeutig weiter als der Fortpflanzungstrieb. Die Liebe ist eine zentrale Eigenschaft des menschlichen Lebens. Sie findet ihren Ausdruck in den beliebtesten Romanen, Fernsehserien und Liedern.

- Wir haben die *Fähigkeit zum „Kultivieren" und „Beherrschen"* (siehe 1. Mose 1,28.29). Wir arbeiten daran, Chaos in Ordnung zu verwandeln. Die meisten von uns empfinden Befriedigung oder Freude, wenn wir ein verwildertes Stück Land in einen Garten verwandeln können, wenn wir eine Familie mit gut erzogenen Kindern sehen, wenn ein Pferd ruhig den Befehlen seines Herrn gehorcht oder wenn wir ein geordnetes, faires und harmonisches Gemeinschaftsleben erleben.

- Wir sind *spirituelle Wesen*. Wir erleben es als etwas Gutes, wenn wir wissen, dass wir von Gott geliebt sind, wenn wir seine Vergebung fühlen, wenn wir uns entscheiden, Gott zu vertrauen und ihn zu lieben, wenn wir ihm gehorchen und ihn anbeten.

Warum ist das wichtig?
Wenn man Menschen als Träger des Bildes Gottes sieht, verleiht ihnen das Wert, Transzendenz und Würde. Es verleiht jedem Mann, jeder Frau und jedem Kind eine eigene Würde. Es setzt sich ab gegen eine rein utilitaristische Sichtweise, nach der ein Mensch danach bewertet wird, wie nützlich er oder sie innerhalb seiner Gemeinschaft sein kann. In der christlichen Weltanschauung ist jede Person wertvoll, weil sie das ist, was sie ist: geschaffen in Gottes Bild und von Gott geliebt. Das ist die treibende Kraft, die Christen ermutigt, sich um Waisen, Arme, körperlich und psychisch Kranke zu kümmern.

1948 legten die Vereinten Nationen ihren Glauben an die grundlegenden Menschenrechte schriftlich fest. Diese universelle Erklärung der Menschenrechte kann weder logisch noch wissenschaftlich bewiesen werden, aber für viele *fühlt* sie sich richtig an. Die starke Überzeugung, dass jeder Mensch gleich wertvoll ist, weil er oder sie in Gottes Bild geschaffen ist, hat Christen dazu angetrieben, die Charta der Menschenrechte mitzuentwickeln, daran teilzunehmen und sie zu verbreiten, um Freiheit und Wohlergehen für alle zu fordern, „ohne irgendeinen Unterschied, etwa nach Rasse, Hautfarbe, Geschlecht, Sprache, Religion, politischer oder sonstiger Anschauung, nationaler oder sozialer Herkunft,

> Jeder Mensch ist gleich wertvoll, weil er oder sie in Gottes Bild geschaffen ist

Vermögen, Geburt oder sonstigem Stand".[3] Dieser Glaube an den Wert des Einzelnen steht hinter vielen sozialen Projekten. Tatsächlich ist unser gesamtes demokratisches System (wenn auch offensichtlich kein vollkommenes System) auf diesem Prinzip gebaut, dass jeder Mensch *gleich viel wert* ist, einem Prinzip, das sich einfach „gut anfühlt" – und ein integraler Bestandteil der christlichen Weltanschauung ist.

c) Gerechtigkeit: Wird sie am Ende siegen? Was ist Gnade?

Wie geht die christliche Weltanschauung mit dem Thema Gerechtigkeit um? Wie bereits gesagt scheinen wir Menschen einen eingebauten Moralkodex in uns zu tragen. Wir wissen instinktiv, dass manche Verhaltensweisen falsch sind. Etwas tief in uns sehnt sich nach Gerechtigkeit. Die christliche Weltanschauung hält die Gerechtigkeit für alle hoch. Böses Verhalten muss bestraft werden.

Christen werden dazu aufgefordert, sich allen echten Autoritätspersonen unterzuordnen, ob Eltern, Arbeitgeber oder Staat. Eine menschliche Autoritätsperson wird, wenn sie richtig handelt, dargestellt als „Gottes Dienerin. Sie zieht den Schuldigen zur Verantwortung und vollstreckt damit Gottes Urteil an denen, die Böses tun" (Römer 13,4, siehe auch die Verse 1-6 und 1. Petrus 2,13.14).

Dieser Respekt vor Autoritäten fördert eine gute soziale Ordnung. Aber wir wissen, dass in der Praxis manche Verbrecher der menschlichen Justiz entkommen. Manchmal ist die menschliche Justiz korrupt. Durch die ganze Bibel hindurch wird Gott als der höchste Richter der Erde vorgestellt. Jeder Mensch wird vor ihm einmal Rechenschaft über sein oder ihr Leben ablegen. In der christlichen Weltanschauung wird sich die Gerechtigkeit am Ende durchsetzen. Und es fühlt sich richtig an, dass es so sein wird.

Die Gerechtigkeit wird sich am Ende durchsetzen.

Die christliche Weltanschauung beinhaltet aber noch etwas viel Größeres und Wertvolleres als Gerechtigkeit. Das wird als *Gnade* bezeichnet. Gnade ist eine Tugend, die über die Gerechtigkeit hinausgeht und scheinbar gegen jeglichen Instinkt der Menschheit verstößt. Unsere Intuition treibt uns an, zu geben, wenn wir etwas bekommen wollen, zu arbeiten, wenn wir bezahlt werden wollen. Privilegien müssen *verdient* werden. Das kapitalistische Wirtschaftssystem basiert auf diesem Gedanken. Aber Gott handelt in *Gnade*, wenn er sich dazu entscheidet, sogar die zu beschenken, die es nicht verdienen, sogar diejenigen unter uns zu lieben, die unwürdig sind.

Nur das Christentum wagt es, Gottes Liebe als bedingungslos darzustellen. Gott liebt uns aufgrund *seines* Wesens, nicht aufgrund *unseres* Wesens oder *unserer* Taten. Wir werden von Jesus nicht aufgrund unseres guten Lebensstils gerettet, sondern

Gott liebt uns aufgrund *seines* Wesens, nicht aufgrund *unseres* Wesens oder *unserer* Taten.

weil wir „Hilfe!" schreien. Niemand kann sich Vergebung verdienen. „Denn durch die Gnade seid ihr gerettet worden aufgrund des Glaubens. Dazu habt ihr selbst nichts getan, es ist Gottes Geschenk und nicht euer eigenes Werk. Denn niemand soll sich etwas auf seine guten Taten einbilden können" (Epheser 2,8.9).

Gottes Gnade ist für uns kostenlos, weil Gott selbst dafür bezahlt hat. Gottes Vergebung ist möglich, weil Christus an unserer Stelle bestraft wurde. So hängen Gerechtigkeit und Gnade zusammen. Aber Gnade ist nicht nur unverzichtbar in unserer Beziehung zu Gott, sie ist auch grundlegend in unserem Umgang mit unseren Mitmenschen. Gnade steht im Zentrum der zwischenmenschlichen Vergebung.

> Gottes Gnade ist für uns kostenlos, weil Gott selbst dafür bezahlt hat.

Tatsächlich lehrt uns Gottes Gnade auch, wie wir ein gutes Leben führen können. Diese einzigartige, erstaunliche und gesunde Vorstellung von der Gnade treibt viele Christen an, die christliche Weltanschauung zu verbreiten (siehe auch Titus 2,11.12). Paulus formuliert es so: „Doch halte ich mein persönliches Ergehen und mein Leben für nicht der Rede wert. Wichtig ist nur, dass ich das Ziel erreiche und den Auftrag erfülle, den mir Jesus, der Herr, aufgetragen hat: den Menschen die gute Botschaft von Gottes Gnade zu bringen" (Apostelgeschichte 20,24). Ich finde diesen Aspekt der christlichen Weltsicht sehr anziehend.

d) Gesellschaft: „Funktioniert" das Christentum?

Ist eine christliche Weltanschauung von Vorteil für die Gesellschaft? Über die Jahre habe ich gesehen, wie ein persönliches Vertrauen auf Jesus Christus das Leben von Menschen, Familien und Gemeinschaften verändert hat.

Vor einigen Jahren stieß ich auf einen Artikel in der britischen Zeitung *The Times* mit der Überschrift: „Als Atheist glaube ich wirklich, dass Afrika Gott braucht", mit dem Untertitel: „Missionare, nicht Hilfsgelder, sind die Lösung für Afrikas größtes Problem – die erdrückende Passivität im Denksystem der Menschen".[4] Als Atheist unterstützt Matthew Parris nicht die christlichen Wahrheitsansprüche, aber er ist sehr beeindruckt von den gesellschaftlichen Vorteilen der christlichen Weltanschauung. Als er nach 45 Jahren nach Afrika zurückkehrte, schrieb er:

> *„Aber die Reise durch Malawi hat auch einen anderen Glauben aufgefrischt: einen Glauben, den ich mein ganzes Leben lang zu verbannen versuchte, und zwar eine Beobachtung, der ich seit meiner Kindheit in Afrika nicht aus dem Weg gehen kann. Sie verwirrt meine ideologischen Überzeugungen zutiefst, weigert sich hartnäckig, sich in meine Weltsicht einzufügen und hat meine wachsende Überzeugung, dass es keinen Gott gibt, in peinliche Verlegenheit gebracht. Obwohl ich mich jetzt ausdrücklich als Atheist bezeichne, bin ich von*

dem enormen Beitrag überzeugt, den die christliche Evangelisation in Afrika leistet: scharf zu unterscheiden von der Arbeit der säkularen NGOs [non-governmental organizations = Nichtregierungsorganisationen, Anm. d. Hrsg.], von Regierungsprojekten und internationalen Hilfeleistungen. Diese allein werden nichts nützen. In Afrika verändert das Christentum die Herzen der Menschen. Es bringt eine geistige Umwandlung. Die Wiedergeburt ist real. Die Veränderung ist gut."

Aber Parris war nicht immer dieser Meinung.

„Ich habe bisher diese Wahrheit gewöhnlich zu umgehen versucht, indem ich – wo es möglich war – der praktischen Arbeit der Missionskirchen in Afrika meinen Beifall ausdrückte. Es ist ein Jammer, so sagte ich, dass das Seelenheil ein Teil dieses Pakets ist, aber schwarze und weiße Christen, die in Afrika arbeiten, heilen die Kranken, lehren die Leute lesen und schreiben; und nur ein Säkularist der härtesten Sorte kann sich ein Missionshospital oder eine Schule ansehen und dann sagen, die Welt wäre besser ohne sie. Ich würde insoweit zugestehen, wenn denn nun der Glaube notwendig ist, um die Missionare zum Helfen zu motivieren: na ja, dann gut, doch was zählt, ist die Hilfe, nicht der Glaube. Aber das entspricht nicht den Fakten. Glaube bewirkt mehr, als nur den Missionar zu motivieren; er wird auch auf seine

Schäfchen übertragen. Das ist der Effekt, der so immens viel ausmacht, und an dessen Beobachtung ich einfach nicht vorbei komme."

Die christliche Weltanschauung „funktioniert" wirklich. Parris beobachtete, wie das Christentum dem Einzelnen Wert verlieh und ihn stärkte:

„In der Stadt hatten wir Afrikaner, die für uns arbeiteten und die sich bekehrt hatten und überzeugte Gläubige waren. Die Christen waren immer anders. Keineswegs wirkten diese Bekehrten irgendwie eingeschüchtert oder eingeengt, sondern ihr Glaube schien sie vielmehr befreit und entspannt zu haben. Da war eine Lebhaftigkeit, eine Neugier, ein Engagement für die Welt – eine Geradlinigkeit in ihrem Umgang mit anderen –, die im traditionellen afrikanischen Leben zu fehlen schienen. Sie standen aufrecht da."

Eine christliche Weltanschauung

Es ist eine schwierige Aufgabe, Weltanschauungen miteinander zu vergleichen. Genau das ist das Arbeitsfeld von Philosophen: Sie untersuchen Weltanschauungen und vergleichen sie miteinander; dabei testen sie manchmal die Belastbarkeit einer Weltanschauung, indem sie deren Antworten in drei großen Bereichen untersuchen:

- *Objektivität:* Stimmt sie mit der materiellen und historischen Realität überein?

- *Subjektivität:* Ist sie persönlich bereichernd und befriedigend?

- *Intersubjektivität:* Begünstigt sie eine faire und gesunde Gesellschaft?

Ich finde die Antworten der christlichen Weltanschauung in allen diesen drei Bereichen positiv, konstruktiv und stark. In den vorigen Kapiteln haben wir den „objektiven" Bereich begutachtet. Wir haben gezeigt, wie der christliche Glaube mit der materiellen und historischen Realität übereinstimmt.

In diesem Kapitel haben wir die beiden anderen Bereiche untersucht. Wenn ich mir die Antworten ansehe, die aus der christlichen Weltsicht auf einige der großen Lebensfragen gegeben werden, komme ich zu dem Ergebnis, dass der christliche Glaube persönlich bereichernd und befriedigend ist und auch, dass das Christentum eine gerechte, mitfühlende und gesunde Gesellschaft aufbaut, wenn es richtig gelebt wird.

> Das Christentum baut eine gerechte, mitfühlende und gesunde Gesellschaft auf, wenn es richtig gelebt wird.

Meinen Lesern, die eine *postmoderne* Sicht favorisieren, möchte ich sagen, dass das Christentum einen Sinn ergibt, dass es funktioniert und dass es existenziell befriedigend ist. Und es hat einen zusätzlichen Bonus, einen Bonus, den die Leser sehr schätzen, die eine *moderne* Sichtweise bevorzugen: Seine Botschaft ist auch *wahr*!

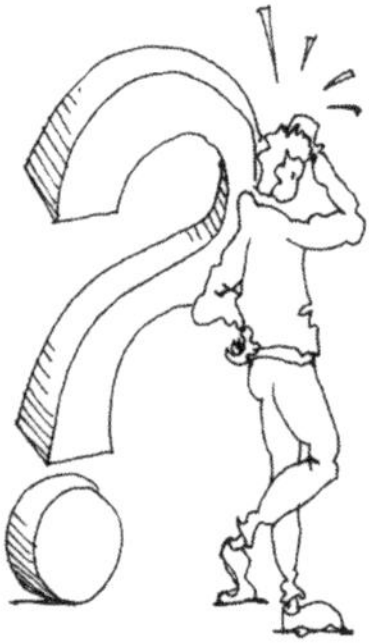

7

Gott ist auch heute noch aktiv

Hat Gott heute noch in irgendeiner Weise etwas mit unseren menschlichen Angelegenheiten zu tun? Wenn du dich entschieden hast, zu glauben, dass eine „geistige Welt“ nicht existieren kann und dass Wunder per Definition nicht geschehen können, dann wirst du für jede Erfahrung mit Gott verschlossen sein. Du wirst gezwungen sein, eine natürliche Erklärung für jedes beobachtbare Ereignis zu finden.

> Ist dein Denken offen für *die Möglichkeit,* dass Gott vielleicht manchmal auf natürliche und übernatürliche Weise eingreift?

Und wenn es keine natürlichen Modelle gibt, um zu erklären, wie Jesus auf dem Wasser ging, wie eine Frau von einem quälenden Dämon befreit wurde oder wie Lazarus von den Toten zurückkehrte, musst du daraus schließen, dass es entweder nie geschehen ist oder dass eines Tages, wenn sich die Wissenschaft weiterentwickelt, eine natürliche Erklärung für diese „scheinbaren Wunder“ gefunden werden kann.

Aber wenn du dich auf die Seite derer stellst, die glauben, dass ein persönlicher Gott existiert, dann ist dein Denken offen für *die Möglichkeit,* dass Gott vielleicht manchmal auf natürliche und übernatürliche Weise eingreift, auch heute noch, und sogar dort, wo du lebst.

Vor etwa 20 Jahren traf ich in Kolumbien zum ersten Mal auf Leute, die von Dämonen gequält oder besessen waren. Die Symptome waren denen, die in den Geschichten im Neuen Testament erzählt werden, sehr ähnlich. Die Bibel beschreibt Dämonen nicht als „schlechte Gedanken" oder „Ideen", sondern als „geistliche Wesen", hartnäckig, böse, mit einem eigenen Willen und fähig, sich in unserer materiellen Welt bemerkbar zu machen. Es ist ihr Ziel, die Menschheit zu täuschen, zu quälen und dahin zu beeinflussen, dass sie sich von Gott entfernen. Kurz gesagt, um „zu stehlen und zu schlachten und Verderben zu bringen" (Johannes 10,10).

In diesen ersten Jahren in Kolumbien lernte ich auch, dass der „Name Jesus" in dieser geistlichen Welt Autorität hat – genau wie er es damals hatte, als die Bibel geschrieben wurde (siehe Apostelgeschichte 19,13). Wenn der Name Jesus angerufen wurde, geschah oft etwas.

Eine Reihe solcher „seltsamen" Erfahrungen öffnete meine Augen für die gegenwärtige Realität der „geistlichen Welt". Ich fühlte mich wie einer, der über die Theorie der elektromagnetischen Wellen gelesen hatte, sie verstand und an sie glaubte, und dann zum ersten Mal das Radio einschaltete und Stimmen und Musik hörte. Die subjektive und persönliche Erfahrung, den Klängen des Radios zu-

zuhören, machte diese „elektromagnetische Welt" real und lebendig.

Im mächtigen Namen Jesus Christus werden heute viele Menschen befreit. Das ist nur ein Bereich, in dem Gott auch heute noch aktiv ist. Wo können wir heute außerdem noch erwarten, Gottes Eingreifen zu erleben?

> Im mächtigen Namen Jesus Christus werden heute viele Menschen befreit.

Wunder und die Naturgesetze

Verstoßen Wunder gegen die Naturgesetze? In seinem Buch „Wunder" bringt C. S. Lewis einige hilfreiche Vergleiche, um zu zeigen, in welchem Verhältnis Wunder und die Naturgesetze zueinander stehen:

Ein Physiker kann die Bewegung von Billardkugeln vorhersagen, wenn er ihr Gewicht, ihre Geschwindigkeit, den Reibungswiderstand des Tischs etc. kennt. Trotzdem können seine Vorhersagen falsch sein, wenn beispielsweise der Ball über eine unerwartete Verschmutzung auf dem Tisch rollt oder jemand den Ellenbogen des Spielers anrempelt. Die Tatsache, dass sich das Ergebnis von der Vorhersage unterscheidet, macht nicht die Naturgesetze ungültig. Es zeigt einfach nur, dass es eine zusätzliche Information gab, die der Physiker nicht mit einberechnet hatte: das bisschen Schmutz auf dem Tisch oder der Eingriff eines Außenstehenden.

Das ist der Grund, warum Wissenschaftler ihre Vorhersagen immer unter der Voraussetzung „gleicher Bedingungen" oder „ohne störende Einflüsse" machen. Ein Wunder ist einer dieser besonderen Momente, in denen Gott ein neues Element in die Gleichung einfügt, ohne die Naturgesetze aufzuheben oder zu verändern. Wunder sind Ausnahmen vom normalen Geschehen.

Hier ist ein anderer interessanter Vergleich, den Lewis selbst als Erklärung benutzt:

> *„Wenn ich in dieser Woche eintausend Pfund in meine Schreibtischschublade lege, zweitausend in der nächsten Woche und tausend in der Woche darauf, lassen mich die Gesetze der Arithmetik vorhersagen, dass ich das nächste Mal, wenn ich zur Schublade komme, viertausend Pfund vorfinden werde. Aber angenommen, dass ich nur tausend Pfund finde, wenn ich das nächste Mal die Schublade öffne. Was soll ich daraus schließen? Dass gegen die Gesetze der Arithmetik verstoßen wurde? Sicher nicht! Es wäre vernünftiger, daraus zu schließen, dass ein Dieb die Gesetze des Staates gebrochen und dreitausend Pfund aus meiner Schublade gestohlen hat. Es wäre lächerlich zu behaupten, dass die Gesetze der Arithmetik es unmöglich machen, an die Existenz eines solchen Diebes zu glauben oder an die Möglichkeit seines Eingreifens. Im Gegenteil ist es die normale Funktion dieser Gesetze, die die Existenz und Aktivität des Diebes aufgedeckt hat.“*[5]

Wunder heute?

Eine christliche pakistanische Familie, die in Holland Asyl suchte, kam in unsere Gemeinde. Der alte Vater war kurz vorher mit starken Schmerzen ins Krankenhaus eingeliefert worden. Die Ultraschalluntersuchung bestätigte, dass es ein Gallenstein war. Wegen seiner Größe beschlossen die Spezialisten, ihn chirurgisch zu entfernen. Gleichzeitig beteten viele Christen für den Mann. Als er operiert wurde, stellte der Chirurg mit Erstaunen fest, dass der Gallenstein nicht mehr da war!

Was machen wir mit solchen Geschichten? Ich persönlich bin geneigt, vorsichtig und misstrauisch zu sein. Aber ich kenne Leute, die an dieser Geschichte direkt beteiligt waren. Heute habe ich noch einmal telefoniert, um sicher zu sein, dass ich die Situation richtig verstanden hatte.

War dies eine *übernatürliche* Antwort auf Gebet? Löste Gott den Gallenstein auf beschleunigte, aber *natürliche* Weise auf? Ist es einfach ein interessanter Zufall? Die meisten Wunder lassen die Möglichkeit für alternative Erklärungen offen. Viele „Taten Gottes" können als *natürliche* Ereignisse beschrieben werden. Was sie oft besonders macht, ist, dass sie *zufällig* zur rechten Zeit geschehen – und oft in irgendeiner Weise mit Gebet verbunden sind.

> „Wenn ich bete, geschehen Zufälle. Wenn ich es nicht tue, geschehen sie nicht."

Das erinnert mich an einen Ausspruch, in dem der anglikanische Erzbischof William Temple

(1555-1627) seine Lebenserfahrung zusammenfasste. Er sagte: „Wenn ich bete, geschehen Zufälle. Wenn ich es nicht tue, geschehen sie nicht."

Als ich das erste Mal von der Gallenstein-Geschichte hörte, fragte ich mich, warum der Gallenstein nicht früher verschwunden war, sodass die Operation hätte vermieden werden können. Das zeigt etwas anderes, was ich über Wunder gelernt habe: Sie sind selten einfache Ereignisse. Ja, wenn sie geschehen, sind sie Ausdruck der Liebe und Fürsorge Gottes, aber sie passen selten in einfache Formeln. Es gibt nichts Automatisches oder Vorhersehbares an ihnen.

Jesus und Petrus gingen auf dem Wasser, aber das Wunder war kein Standardwerkzeug für Schiffsevangelisten. Jesus vermehrte Brot, aber dieses Wunder ist kein Standardwerkzeug, um Afrikas Nahrungsknappheit zu lösen. Jesus und die Apostel heilten einige Leute, aber diese Wunder waren nicht dazu gedacht, die medizinische Forschung aufzuhalten oder die Krankenhäuser abzuschaffen. Tatsächlich lehnte Jesus selbst Ärzte keineswegs ab, denn er sagte einmal: „Nicht die Gesunden brauchen den Arzt, sondern die Kranken" (Lukas 5,31). (Zwar geht es im Textzusammenhang darum, wer Heilung von der Sünde braucht, doch Jesus gebrauchte hier ein alltägliches Beispiel als Vergleich.)

Wunder sind, in der Bibel genauso wie heute, „Zeichen". Sie geschehen, um auf etwas anderes hinzuweisen. Sie stehen selten für sich allein, sondern sind Teil einer größeren Geschichte, und sie weisen auf ein größeres Ziel hin. Könnte es sein, dass Gott nicht nur die pakistanische Familie ermutigen wollte, sondern auch das Herz eines selbstbewussten holländischen Chirurgen berühren wollte?

Göttliche Führung

Wenn ein persönlicher Schöpfergott heute in unserer Welt real, lebendig und aktiv ist, was dürfen wir außerdem erwarten, zu sehen oder zu erfahren? Der in der Bibel geoffenbarte persönliche Schöpfergott wünscht sich sehr, eine Beziehung zu seiner Schöpfung zu haben, uns als Individuen zu erlösen und mit uns wie in einer Freundschaft zu leben.

> Wenn wir uns entscheiden, die Beziehung zu Gott zu ignorieren oder abzuweisen, ist das unser größter Verlust.

Denk dran: Die Beziehung zu Gott ist unsere höchste Berufung. Wenn wir uns entscheiden, sie zu ignorieren oder abzuweisen, ist das unser größter Verlust. Eine Beziehung braucht Kommunikation. Daher *will* Gott kommunizieren. Er tut es, indem er bestimmte Gedanken und Ideen in unser Denken hineinbringt.

Viele Christen behaupten, dass sie Gott zu sich sprechen hören; manche, indem sie die Bibel studieren, lesen oder über sie meditieren; manche, indem sie Zeit im Gebet verbringen; und manche durch einen Traum oder eine andere Erfahrung. Ist das alles eine Täuschung? Vielleicht manches. Vielleicht vieles. Aber die Existenz des Falschen darf nicht dazu führen, dass man das Echte ablehnt oder anzweifelt.

Christen werden dazu ermutigt, nach Gottes Führung zu suchen und auf Gottes Reden zu hören. Jesus formulierte das so: „Meine Schafe hören auf meine Stimme. Ich kenne sie, sie folgen mir" (Johannes 10,27). Der Apostel Paulus bestätigte, dass Gott durch den Heiligen Geist in jedem „wiedergeborenen Christen" (der Begriff „wiedergeboren" wird in Kapitel 8 erklärt) wohnt, und dass jeder durch den Geist Gottes geleitet werden kann (siehe Römer 8,9-16).

In Kapitel 2 habe ich dir von zwei Ereignissen erzählt, die ich erlebt habe, und die meiner Meinung nach diesen Prozess darstellen. Erst ein „seltsamer Traum", in dem Kathleen ermutigt wurde, für uns und unseren Sohn zu beten – genau an dem Tag, an dem meine Frau und ich das schwierige Gespräch mit dem Kardiologen hatten. Dann dieser „seltsame Zufall", der dazu führte, dass einer betenden Frau in einer dringenden Notlage geholfen wurde – infolge eines äußerst unwahrscheinlichen Treffens. Wenn du solche Dinge erlebst, lassen sie dich still stehen, staunen und manchmal anbeten. Aber sind diese persönlichen Erfahrungen und Offenbarungen nicht ziemlich subjektiv? Die Antwort ist: Ja, sie sind subjektiv. Aber was sollten sie auch sonst sein?

Wie wissen wir, dass es Gottes Geist ist, der uns führt, leitet und zu etwas drängt? Ein Test ist, nachzusehen, wie „der Gedanke" zu anderen Worten und Taten Gottes passt, wie sie in der Bibel aufgeschrieben sind. Wir werden aufgefordert, die Bibel zu studieren, um in der gleichen Weise zu denken, wie Gott denkt, und unser Denken zu bilden, zu verändern und zu erneuern, sodass wir „prüfen [können], ob etwas Gottes Wille ist – ob es gut ist, ob es Gott gefallen würde und ob es zum Ziel führt“ (Römer 12,2).

Gottes Geist spricht und leitet Menschen auch heute noch, und dieses Sprechen und Leiten wird stets in Übereinstimmung mit Gottes geschriebenem Wort sein. Die Bibel bietet einen Rahmen, in dem alle zukünftige Kommunikation überprüft werden kann. Durch diesen Rahmen leitet Gott manchmal einen Menschen, einen Dienst zu beginnen oder mit einer bestimmten Aktivität aufzuhören, zu reisen, eine bestimmte Person anzurufen oder zu besuchen, eine Nachricht zu überbringen, ein Lied zu singen oder für etwas Bestimmtes zu beten. Erlebbare Beispiele göttlicher Führung erinnern mich daran, dass Gott heute noch in dieser Welt aktiv ist.

> Gottes Sprechen und Leiten wird stets in Übereinstimmung mit seinem geschriebenem Wort sein.

Der Wert des Gebets

Wird Gott manchmal als Antwort auf unsere Gebete aktiv? Wenn Gottes Wille für diesen Planeten, meine Familie und mein Leben gut und vollkommen ist, warum sollte ich versuchen, ihn durch Gebet zu ändern? In der Bibel wird deutlich, dass Menschen, die beteten, tatsächlich erwarteten, dass etwas geschehen würde. Jesus selbst ermutigte seine Jünger mit dem folgenden starken Versprechen: „Ja, ich versichere euch: Wenn ihr dann den Vater in meinem Namen um etwas bittet, wird er es euch geben" (Johannes 16,23).

Die Tatsache, dass heute manche betenden Christen in Afrika verhungern und andere in Kriegsgebieten gewaltsam getötet werden, ist ein klarer Beweis, dass Gebet etwas komplexer ist als: „Bitte darum, und dann bekommst du es." Es ist unvernünftig zu erwarten, dass ein weiser und allmächtiger Gott gleichzeitig die manchmal widersprüchlichen Gebetsanliegen von Millionen fehlbaren, egoistischen und kurzsichtigen Menschen erfüllt.

Und trotzdem ermutigt Jesus uns, zu beten. Jesus selbst betete oft. In den Evangelien lesen wir davon: manchmal betete er alleine, manchmal mit anderen. Wenn er betete, erwartete er, dass etwas geschehen würde. Für Jesus war das Gebet auch wie eine Rettungsleine, eine Quelle der Führung und Kraft, um den Willen des Vaters zu tun. Weil Jesus das Gebet brauchte und für wichtig hielt, entscheide auch ich mich fürs Beten.

Weil Jesus das Gebet brauchte und für wichtig hielt, entscheide auch ich mich fürs Beten.

Manchmal bin ich vom Gebet enttäuscht. In manchen kritischen Momenten fühle ich mich sehr frustriert. Und trotzdem werde ich auch darin vom Gebetsleben von Jesus ermutigt: Nicht alle seine Gebete wurden so beantwortet, wie ich es erwartet hätte. Jesus betete, bevor er seine zwölf Jünger auswählte, und trotzdem infiltrierte Judas, ein Verräter, sein Team. Jesus betete, dass Petrus' Glaube nicht schwach werden würde, und trotzdem verleugnete er Jesus in einem kritischen Moment dreimal. Jesus betete für die Einheit aller Christen, und doch sind wir in viele Gruppen, Strömungen und Denominationen zerteilt.

Außerdem betete Jesus manchmal nicht um Dinge, um die ich vermutlich gebetet hätte: Jesus betete nicht für die Befreiung Johannes des Täufers aus dem Gefängnis – und trotzdem war er sehr traurig, als er hörte, dass Johannes im Gefängnis getötet worden war. Er vermehrte nicht täglich Brot, um sich und seine Jünger zu ernähren. Er war angewiesen auf das, was ihm gegeben wurde, unter anderem die finanzielle Unterstützung durch eine Gruppe reicher Frauen (siehe Lukas 8,3). Als Jesus kurz davor stand, verhaftet zu werden, sagte er zu Petrus: „Meinst du nicht, dass ich meinen Vater um Hilfe bitten könnte und er mir sofort mehr als zwölf Legionen Engel stellen würde?"(Matthäus 26,53).

Er hätte es tun können, aber er entschied sich dagegen. Dann wurde er verhaftet und gekreuzigt. Ich lerne daraus, dass ich leicht für falsche Dinge beten kann. Nicht unbedingt schlechte Dinge, aber trotzdem falsche Dinge.

Beten lernen

Grundsätzlich ist Gebet das Sprechen mit dem persönlichen Schöpfergott. Es beinhaltet mehr als die Aufzählung unserer gefühlten Bedürfnisse und Wünsche. So wie Kommunikation die Basis für alle guten und gesunden Beziehungen ist, ist das Gebet die Basis unserer Beziehung zu Gott. Wir müssen reden, wenn wir Freunde sein wollen. Wie die meisten von uns interessiert sich der persönliche Schöpfergott hauptsächlich dafür, dass wir ihn lieben und respektieren, ihm glauben und vertrauen. Diese Beziehung aufzubauen ist die wesentliche Funktion des Gebets.

> Das Gebet ist die Basis unserer Beziehung zu Gott.

Am Ende eines mit Lehre und Heilungen sehr ausgefüllten Tages sagte Jesus zu seinen Jüngern: „Die Ernte ist groß, aber es sind wenige Arbeiter. Darum bittet den Herrn der Ernte, dass er Arbeiter in seine Ernte aussende!" Die Jünger wurden dazu ermutigt, Gott um das zu bitten, wovon sie bereits wussten, dass Gott es tun wollte.

Was lehrt uns das über das Gebet? Dass Gebet die Einstellung und die Erwartungen der betenden Person verändert. Aber sicher steckt noch mehr dahinter. Es zeigt uns z. B.: Gott hält sich manchmal damit zurück, auf der Erde das zu tun, was er tun will, sondern wartet darauf, dass jemand ihn darum bittet. Manchmal beschließt Gott, seinen Willen nur als Antwort auf unsere Gebete zu tun. Die Bibel gibt uns viele Beispiele dafür: Matthäus 9,37-38; Hesekiel 22,30; Jakobus 4,2-3.

> Manchmal beschließt Gott, das, was er tun will, nur als Antwort auf unsere Gebete zu tun.

Als die Jünger Jesus baten, sie das Beten zu lehren, lehrte Jesus sie zu bitten: „Deine Herrschaft komme! Dein Wille geschehe – auf der Erde so wie im Himmel!“ (Matthäus 6,10). Das Gebet ist in gewisser Weise ganz deutlich mit Gottes Willen im Himmel verbunden. Jesus lehrte sie auch „in meinem Namen“ (Johannes 15,16) zu beten, und wir werden ermutigt, zu beten, „wie der Heilige Geist es euch lehrt“ (Judas 20).

Das Geheimnis des Gebets liegt in der Tatsache, dass Gott das Gebet als Mittel dazu bestimmt hat, seinen Willen auf der Erde geschehen zu lassen. Je mehr wir lernen, in Übereinstimmung mit seinem Willen zu beten, desto mehr Ergebnisse werden wir sehen – und desto wirkungsvoller werden unsere Gebete sein.

Um zu wissen, wofür wir beten sollen, und zu entdecken, was Gott tun will, können wir die Bibel studieren und um Einsicht beten, um zu prüfen, „was dem Herrn gefällt“ (Epheser 5,10). Es kann manchmal sein, dass Gott seinen spezifischen Willen subjektiv mit Menschen kommuniziert, die bereit sind zu beten. Durch das Gebet Kontakt mit Gott zu haben, ist ein Privileg, und es ist entscheidend für das christliche Leben, manchmal hat es große Auswirkungen – und trotzdem bleibt es ein Geheimnis.

Es überrascht mich nicht, dass die Jünger Jesus baten: „Herr, lehre uns beten“ (Lukas 11,1). Gottes Antwort auf ein Gebet, manchmal auf eine Weise und Weise oder zu einem Zeitpunkt, wie wir sie nie erwartet hätten, dient uns auch als Erinnerung, dass Gott in unserer Welt heute noch aktiv ist.

Lebensveränderung

Wenn Menschen eine „Gotteserfahrung" haben, verändert sich ihr Leben normalerweise. Wenn Jesus in das Leben eines Gläubigen eintritt, fängt er an, es zu verändern: „Wenn also jemand mit Christus verbunden ist, ist er eine neue Schöpfung: Was er früher war, ist vergangen, etwas Neues ist entstanden" (2. Korinther 5,17). Stolz und Arroganz beginnen, der Demut zu weichen, Egoismus der Liebe und Großzügigkeit, Falschheit der Wahrheit und Offenheit. Beziehungen fangen an, davon zu profitieren und Familien rücken näher zusammen.

> Jesus verändert das Leben der Gläubigen.

Das soll nicht heißen, dass Christen vollkommene Menschen sind. Sie sind immer noch fähig, die schlimmsten Sünden zu begehen. Aber Gottes Geist, der in allen Christen wohnt, gibt ihnen die Kraft zu sehr positiven und manchmal erstaunlichen Veränderungen: „Denn Gott bewirkt den Wunsch in euch, ihm zu gehorchen, und gibt euch auch die Kraft, zu tun, was ihm gefällt" (Philipper 2,13). Diese deutlichen und positiven Veränderungen in Menschen, die ihr Leben Jesus übergeben, erinnern mich daran, dass Gott auch heute noch in unserer Welt aktiv ist.

8

Gott, der Glaube, der Zweifel und du

Warum vertraust du manchen Leuten und anderen nicht? Warum glaubst du das, was du glaubst? Deine Weltanschauung, einschließlich der Dinge, die du glaubst, gründet sich auf deine Erfahrungen, deine Vorurteile, deine Vorlieben, deine Gewohnheiten, die Ansichten von Freunden oder Familienmitgliedern, denen du vertraust, und die Beweise oder Belege, die du persönlich herausfinden kannst. Ich vermute, dass wir die meisten Dinge, die wir glauben, auf einer Vertrauensbasis von anderen Leuten übernommen haben – und das meistens unterbewusst.

> Am Ende kommt es nicht auf die Größe oder die Intensität unseres Glaubens an, sondern auf die Wahrheit unseres Glaubensinhaltes.

Ich hoffe, dass dich das, was du bis hierher gelesen hast, herausgefordert hat, zum ersten Mal oder noch einmal neu über deinen Glauben nachzudenken. Der Prozess des Denkens und Schreibens hat mich jedenfalls dazu gebracht, darüber nachzudenken, *was* ich glaube und *warum* ich es glaube. Am Ende kommt es nicht auf die Größe oder die Intensität unseres Glaubens an, sondern auf die Wahrheit unseres Glaubensinhaltes. Die Zuverlässigkeit eines Flugzeugs ist zum Beispiel viel wichtiger als die Größe meines Vertrauens (= Glaubens), das ich in dieses Flugzeug habe.

Der Glaube eines Passagiers kann ihm helfen, sich zu entspannen und auf dem ganzen Weg über den Atlantik friedlich zu schlafen. Der kleinere Glaube eines anderen Passagiers lässt ihn gestresst an seinen Fingernägeln kauen. Ihre sichere Ankunft in New York hat aber nichts mit der Intensität ihres Glaubens zu tun, sondern vielmehr mit der Qualität des Flugzeugs und den Fähigkeiten des Piloten.

Ja, Glaube ist nötig. Ohne ihn wirst du nicht ins Flugzeug einsteigen. Niemand kommt dadurch in New York an, dass er das Sicherheitsprotokoll des Flugzeugs studiert oder das Schulungshandbuch des Piloten überprüft. Du wirst nicht in New York ankommen, weil du zustimmst, dass es vernünftig ist, auf das Flugzeug zu vertrauen. Und du wirst auch nicht in New York ankommen, weil du ein gutes Gefühl in Bezug auf den Piloten, das Flugzeug oder die Stadt New York hast. Um nach New York zu kommen, musst du dein Vertrauen auf das Flugzeug und den Piloten in die Tat umsetzen und in die Maschine steigen!

Wir haben einige Argumente und Belege zugunsten von Gott, Jesus und dem christlichen Glauben untersucht. Ich denke, man kann fairerweise sagen, dass die christliche Weltanschauung nicht irrational ist. Sie ergibt vielmehr einen vernünftigen Sinn! Was wirst du jetzt mit dieser Information tun? Echter Glaube führt zum Handeln. Wenn du glaubst, dass dein Freund draußen steht, öffnest du die Tür. Wenn du glaubst, dass du in Gefahr bist, dann rennst du weg. Wenn du noch kein Christ bist, bedeutet die Entscheidung, an Jesus zu glauben, dass du einen Schritt tun musst – nämlich das Flugzeug zu besteigen. Ist es möglich, das Flugzeug auch mit Zweifeln zu besteigen?

Echter Glaube führt zum Handeln.

Zweifel – wie sicher kann ich sein?

Bei den meisten meiner Entscheidungen scheint doch eine kleine oder größere Unsicherheit zu bleiben. Als ich mich dafür entschied, Mathematik an der Londoner Universität zu studieren, tat ich es nicht ohne Zögern. Als ich mich entschied, meine Frau Anneke zu heiraten, war mir auch bewusst, dass es ein „Glaubensschritt" war. Einige Tage, nachdem ich ein Haus oder ein Auto gekauft habe, erlebe ich oft Zweifel: War es die richtige Wahl? Habe ich eine bessere Alternative verpasst?

Aber ich stelle fest, dass manche Leute es viel einfacher finden, entschieden zu handeln. Sie erscheinen selbstbewusster, sicherer und zufriedener mit ihren „Glaubensschritten". Ich erkenne daraus, dass manche Leute mehr zum Zweifeln neigen als andere. Unsere Neigung zum Zweifeln hängt möglicherweise mit unserem Temperament zusammen oder mit unserer Angst, Fehler zu machen, mit einer früheren schlechten Erfahrung, vielleicht auch mit unserem jeweiligen Lebensabschnitt. Als Kinder glauben wir alles, was Erwachsene uns sagen. In der Pubertät beginnen wir, unseren Glauben zu hinterfragen. Wenn wir älter werden und die Freuden und Leiden des Lebens erfahren, durchleben wir in unserem Glauben Krisenmomente, wenn sich das, was wir sehen oder erleben, nicht mehr mit unserer Weltanschauung zusammenbringen lässt. Das passiert Christen genauso wie Nichtchristen.

- *Normale Zweifel:*
  In der Bibel lesen wir von Männern, die Phasen des Zweifels erlebten. Eine Zeitlang zweifelte Abraham an Gottes Versprechen, ihm einen Sohn zu geben. Als er im Gefängnis war, hatte Johannes der Täufer Zweifel an Jesus als dem Messias. Als die Jünger den auferstandenen Christus trafen, „warfen sie sich vor ihm nieder, doch einige andere zauderten" (Matthäus 28,17).

Glaube und Zweifel liegen oft dicht zusammen.

Tatsächlich liegen Glaube und Zweifel oft dicht zusammen. Wenn ich etwas sicher weiß, wenn ich 100 Prozent Sicherheit über etwas habe, dann ist kein Glaube mehr nötig. Nur weil ein gewisses Maß an Unsicherheit dabei ist, ist Glaube nötig. Der Vater, der seinen von Dämonen gequälten Sohn zu Jesus brachte, glaubte, dass Jesus helfen konnte. Als Jesus ihn nach seinem Glauben fragte, antwortete er unter Tränen: „Ich glaube ja! Hilf mir bitte aus dem Unglauben!" (Markus 9,24). Glaube und Unglaube können nebeneinander existieren. Männer und Frauen des Glaubens können zweifeln, aber sie geben nicht auf.

- *Chronische Zweifel:*
Langwährende, ernste Zweifel jeglicher Art können chronisch und ungesund werden. Sie zerstören Beziehungen, untergraben unser Vertrauen oder vermindern unsere Lebensfreude. Manchmal können unsere Zweifel stärker werden als die Realität. Manchmal müssen wir uns dafür entscheiden, unsere Zweifel anzuzweifeln!

Manchmal müssen wir uns dafür entscheiden, unsere Zweifel anzuzweifeln!

Wie können wir im Glauben wachsen und unsere Zweifel verkleinern? Kurz gesagt: Verpflichte dich dazu, das zu suchen und zu lieben, was wahr ist, und dann danach zu leben. Wir erfahren Glauben und Wahrheit nie, wenn wir andauernd auf den „endgültigen Beweis" warten.

Der christliche Glaube beruht auf *Hin*weisen, nicht auf *Be*weisen. Es ist eine Entscheidung, die wir treffen müssen, obwohl wir nicht alle Fakten haben. Der Glaube ist in seinem Kern eine Willensentscheidung. Er ist eine Entscheidung für Gott, eine Entscheidung, ihn zu lieben, ihm zu vertrauen, und so zu leben, dass es ihm gefällt.

- *Feindliche Zweifel:*
  Die Bibel sagt deutlich, dass wir auf einem geistlichen Schlachtfeld leben und dass unsere Herzen und Gedanken die Zielscheiben sind. Satan wird als der „Vater jeder Lüge“ (Johannes 8,44) bezeichnet, und er wird alles tun, was er kann, um uns davon abzuhalten, Gott zu vertrauen. Seine ersten in der Bibel aufgezeichneten Worte sind: „Hat Gott wirklich gesagt ...?“ (1. Mose 3,1). Manche unserer Zweifel können auf satanische Wirkung zurückgeführt werden und müssen im Namen von Jesus abgelehnt werden. Wir werden dazu ermutigt, sie zu enttarnen und „jeden solcher Gedanken gefangen [zu nehmen] und [...] sie Christus [zu unterstellen]“ (2. Korinther 10,5).

Die christliche Botschaft erfordert offensichtlich Glauben. Aber es ist ein Glaube aufgrund von ausreichenden Belegen.

Glaube: entscheiden, ohne alle Fakten zu kennen

Die christliche Botschaft erfordert offensichtlich Glauben. Aber es ist ein Glaube aufgrund von ausreichenden Belegen. Der Apostel Paulus behauptete, dass die von ihm gepredigte christliche Botschaft „wahr und vernünftig“ (Apostelgeschichte 26,25) sei. Oft stellen wir fest, dass Paulus mit seinen Zuhörern argumentiert. Wir lesen, dass er in Thessaloniki mit ihnen über die heiligen Schriften redete und sie ihnen erklärte. Als Konsequenz bekehrten sich einige seiner Zuhörer zum Christentum. Diese Erfahrung der Bekehrung wird mit dem Verb *überzeugen* beschrieben: „Einige von den jüdischen Zuhörern ließen sich überzeugen und schlossen sich Paulus und Silas an. Auch von den Griechen, die sich zur Synagoge hielten, kamen viele zum Glauben, darunter eine ganze Reihe prominenter Frauen" (Apostelgeschichte 17,4).

Aber eine wahre Bekehrung ist mehr, als den christlichen Aussagen nur zuzustimmen. Sie ist mehr als die Entscheidung, an Gottes Existenz zu glauben und die Offenbarung durch Jesus Christus für wahr zu halten. Der mächtige Geist Gottes arbeitet in unseren Herzen und in unserem Denken, so dass wir nicht nur wissen, dass wir „verurteilte Sünder" sind, sondern irgendwie auch unsere persönliche Not fühlen oder davon überzeugt werden; wir stimmen nicht nur zu, dass Jesus der einzige Weg zu Gott ist, sondern wir schreien zu ihm mit einem Gefühl der Dringlichkeit: „Ich vertraue dir! Rette mich!"

> Es ist Jesus, der dich rettet, nicht die Hartnäckigkeit deines Glaubens.

Du musst nicht warten, bis alle deine Fragen beantwortet sind, bevor du dich dafür entscheidest, an Gott zu glauben und ihm zu vertrauen. Du musst nicht warten, bis alle deine Ängste und Zweifel verschwunden sind, bevor du dich an Gott wendest. Es ist Jesus, der dich rettet, nicht die Hartnäckigkeit deines Glaubens.

Ist der Glaube eine Entscheidung oder ein Geschenk?

Über die Jahrhunderte haben die Theologen viel Zeit und Kraft investiert, um diese Frage zu diskutieren, und du kannst im Internet viele Artikel darüber finden. Sollen wir selbst aktiv sein und uns entscheiden, Glauben zu haben? Oder sollen wir passiv bleiben und darauf warten, dass Gott uns das Geschenk des Glaubens gibt?

Israel wurde aufgefordert, sich für Gott zu entscheiden, und dabei hatte Gott es bereits erwählt (5. Mose 7,7-8, 30,19-20). Uns wird gesagt, dass wir an Jesus glauben sollen, um gerettet zu werden, um ein Christ zu werden. Mit den Worten von Paulus: „Glaube an Jesus, den Herrn! Dann wirst du gerettet“ (Apostelgeschichte 16,31). Der Apostel Johannes schrieb sein Evangelium, „damit ihr durch den Glauben an ihn in seinem Namen das Leben habt“ (Johannes 20,31). Du und ich haben die Wahl, Gottes Offenbarung zu glauben, abzulehnen oder zu ignorieren.

Du und ich haben die Wahl, Gottes Offenbarung zu glauben, abzulehnen oder zu ignorieren.

Interessanterweise beschreibt die Bibel den Glauben auch als ein Geschenk von Gott (siehe Römer 12,3; 2. Timotheus 2,24-25). Nach der Bibel ist es Gott, der zur Umkehr motiviert und Menschen dahin führt, dass sie die Wahrheit anerkennen. Daraus schließe ich, dass der Glaube sowohl eine bewusste Entscheidung als auch ein Geschenk ist.

Glauben ist ein bisschen wie sich verlieben: Liebe ist etwas, was dir passiert, aber auch etwas, wozu du dich selbst entscheidest. Erinnerst du dich an die Antwort des Vaters des von Dämonen besessenen Jungen? Er sagte: „Ich glaube ja! Hilf mir bitte aus dem Unglauben!" (Markus 9,24). Er entschied sich zu glauben, aber er bat Jesus auch, seinen Glauben zu stärken. In ähnlicher Weise baten die Jünger Jesus: „Stärke unseren Glauben!" (Lukas 17,5). Sie baten darum, weil sie überzeugt waren, dass er Einfluss auf ihren Glauben hatte.

> Der Glaube ist sowohl eine bewusste Entscheidung als auch ein Geschenk.

Wenn du glauben willst, aber Schwierigkeiten damit hast, wenn du denkst, dass dein Glaube zu schwach oder zu klein ist, warum folgst du nicht ihrem Beispiel und bittest den Herrn, deinen Glauben zu verstärken oder zu vergrößern?

Der Glaube wächst normalerweise nicht in einem Vakuum. Ich kann mir vorstellen, dass der Glaube der Jünger wuchs, als sie Zeit mit Jesus verbrachten und seinen Anweisungen folgten. Uns wird gesagt: „Der Glaube kommt also aus dem Hören der Botschaft und die Verkündigung aus dem Wort von Christus" (Römer 10,17). Entscheide dich dafür, Zeit in einer Umgebung zu verbringen, die dir hilft, im Glauben zu wachsen. Lies die Bibel, hör der christlichen Botschaft genau zu, und wenn du etwas verstehst, setz es in Taten um. Manchmal sind dabei auch radikale Schritte gefordert! Glaube beinhaltet immer ein gewisses Risiko. Und wie unsere Muskeln wächst auch der Glaube durch Training!

Die christliche Botschaft in Kurzform

Kurz gesagt behauptet die christliche Botschaft, dass alle Menschen eine Tendenz dazu haben, unabhängig von Gott zu leben. Wir ziehen es vor, unser Leben selbst zu bestimmen und uns selbst zu gefallen. Diese Grundhaltung und der daraus folgende Lebensstil werden Sünde genannt, und als Folge davon rebellieren wir gegen Gott. Tatsächlich sind wir von der Sünde abhängig oder versklavt, selbst wenn wir uns bemühen, ein gutes Leben zu führen.

Ein reiner und heiliger Gott hasst Sünde. Die Gerechtigkeit verlangt, dass alle Sünde bestraft wird, und die Strafe ist der Tod – der als ewige Trennung von Gott beschrieben wird (siehe Römer 6, 16.23).

Aber Gott wurde in der Person von Jesus Christus Mensch, und zwar aus Liebe. Indem er am Kreuz starb, entschied er sich dafür, die Strafe, die du und ich verdient hätten, selbst auf sich zu nehmen; er bezahlte das große „Lösegeld" für uns, damit uns vergeben werden konnte, damit wir als freie Menschen weitergehen können, damit wir eine tiefe und persönliche Beziehung zu einem heiligen Gott aufbauen können.

Aber damit uns vergeben werden kann, damit wir Christen werden können, muss es eine Antwort von unserer Seite geben. Der Glaube muss ausgelebt werden. Wir müssen uns entscheiden, Gott zu vertrauen und an Jesus Christus zu glauben. Es geht nicht darum, einer Religion zu folgen. Es ist ein radikaler Neuanfang. So radikal, dass er mit einer neuen Geburt verglichen wird, mit einem neuen Leben. Der Herr Jesus bestand darauf, dass Nikodemus, ein sehr religiöser Mann, „wiedergeboren werden" musste.

Bist du wiedergeboren? (Siehe Johannes 3,7). Jesus erklärte Nikodemus den Plan Gottes zur Rettung der Menschheit genauer:

> *„Denn so hat Gott der Welt seine Liebe gezeigt: Er gab seinen einzigen Sohn dafür, dass jeder, der an ihn glaubt, nicht ins Verderben geht, sondern ewiges Leben hat. Gott hat seinen Sohn ja nicht in die Welt geschickt, um sie zu verurteilen, sondern um sie durch ihn zu retten. Wer ihm vertraut, wird nicht verurteilt, wer aber nicht glaubt, ist schon verurteilt. Denn der, an dessen Namen er nicht geglaubt hat, ist der einzigartige Sohn Gottes." (Johannes 3,16-18)*

Gott vergibt uns, rettet uns, schenkt uns die Wiedergeburt und macht uns gerecht, wenn wir an Jesus Christus glauben und ihm vertrauen; die Bibel sagt darüber: „Denn man wird für gerecht erklärt, wenn man mit dem Herzen glaubt" (Römer 10,10). Diese Rettung ist ein Geschenk Gottes. Wir können nichts tun, um sie zu verdienen oder zu erarbeiten. Er hat „uns aus reinem Erbarmen gerettet und nicht, weil wir gute und gerechte Taten vorweisen konnten. Durch die Wiedergeburt hat er uns gewaschen und durch den Heiligen Geist uns erneuert" (Titus 3„5). Paulus erklärte: „Denn durch die Gnade seid ihr gerettet worden aufgrund des Glaubens. Dazu habt ihr selbst nichts getan, es ist Gottes Geschenk und nicht euer eigenes Werk" (Epheser 2,8.9).

Unsere Rettung ist ein Geschenk Gottes. Wir können nichts tun, um sie zu verdienen oder zu erarbeiten.

Gute Werke sind richtig und notwendig, aber sie sind nicht die Voraussetzung unserer Rettung – sie folgen unserer Bekehrung. Der Akt des Glaubens an Jesus ist wie das Einsteigen in ein Flugzeug. Und wenn wir unser Ziel erreicht haben, kann kein Passagier behaupten, dass es sein Glaube war, der ihn sicher nach New York gebracht hat. Allen Dank verdienen der Pilot und das Flugzeug. Wenn wir uns entscheiden, an Jesus zu glauben, und wenn wir ihm bewusst vertrauen, ist es Jesus, der uns rettet, nicht unser Glaube und nicht unsere Werke.

„Wiedergeboren" werden

Christ zu werden bedeutet mehr, als nur einem bestimmten Dogma zuzustimmen, mehr, als alle Fakten zu analysieren, die Wahrscheinlichkeiten abzuwägen und eine gute Entscheidung zu treffen. Jesus verglich es mit einer „Wiedergeburt"

(Johannes 3,7). Es beinhaltet Vertrauen, Versöhnung und den Beginn einer Beziehung. Es ist das Ende der Feindschaft und der Anfang der Freundschaft. Die Bibel vergleicht die Bekehrung auch mit dem Öffnen einer Tür. Stell dir Jesus an deiner Tür vor, der Tür deines Herzens, dem Eingang zu deinem wahren Ich. Du hörst ihn sagen: „Merkst du nicht, dass ich vor der Tür stehe und anklopfe? Wer mich rufen hört und mir öffnet, zu dem gehe ich hinein und wir werden miteinander essen – ich mit ihm und er mit mir“ (Offenbarung 3,20).

Das gemeinsame Essen ist im Nahen Osten ein aussagekräftiges Bild: Es spricht von Gastfreundschaft und von Freundschaft. Die Bekehrung ist etwas, das sich zwischen deiner inneren Person, deinem „Herzen“, und Gott abspielt. Du wirst dir bewusst, dass der auferstandene Jesus dich retten und in dein Leben treten möchte, und du beschließt, auf sein Klopfen zu antworten.

Öffnest du die Tür deines Herzens für Jesus?

Wie öffnen wir die Tür unseres Herzens für Jesus? Stell es dir als eine Antwort in zwei Teilen vor:

- *Teil A: Kehre um („tue Buße“)*
  Gib zu, dass du ein Sünder bist, dass du mit deiner Haltung und deinem Lebensstil den heiligen, persönlichen Schöpfergott beleidigt hast. Danke Jesus dafür, dass er am Kreuz gestorben ist, um die Strafe für deine Sünde zu bezahlen. Bitte Gott, dir zu vergeben und dich zu reinigen.

- *Teil B: Öffne dich für ihn*
  Erkenne an, dass Jesus Christus der ist, der er behauptet zu sein: der einzigartige Sohn Gottes, Gott in menschlicher Gestalt. Entscheide dich, ihm – und nur ihm – zu vertrauen, für deine Rettung, für dieses Leben und für deine ewige Bestimmung. Lade Jesus in dein Leben ein, dass er die Führung übernimmt und dein Herr wird.

Die Bibel sagt uns, dass der Geist Gottes, der Heilige Geist, in unserem Gewissen arbeitet und uns überzeugt, dass wir Sünder sind, die Jesus Christus brauchen. Entsprechen die Teile A und B dem tiefen Wunsch deines Herzens? Dann sag es und drück diesen tiefen Wunsch in einem Gebet an Gott aus. Viele Menschen wurden schon „wiedergeboren", indem sie ungefähr so beteten:

> *„Lieber Gott, mir ist jetzt bewusst, dass du mich geschaffen hast, damit wir in einer Beziehung zueinander stehen und Freunde sind. Ich bereue sehr, dass ich dich bisher aus meinem Leben ausgesperrt und nach meinem eigenen Willen gelebt habe, und ich will von diesem Weg umkehren. Ich gebe zu, dass ich gesündigt und dich durch viele Taten angegriffen habe. Bitte vergib mir. Danke, Herr Jesus, dass du am Kreuz von Golgatha gestorben bist, um die Strafe für meine Sünden auf dich zu nehmen, eine Strafe, die ich zu Recht verdient habe. Danke, dass du von den Toten auferstanden bist und heute*

lebst. Ich glaube, dass du der Sohn Gottes bist. Ich vertraue auf dich. Ich lade dich jetzt ein, in mein Leben zu kommen als mein einziger Retter, Meister und Herr. Ich übergebe mich dir vollständig. Bitte führe mich und hilf mir, die Person zu werden, als die du mich geschaffen hast."

Denk dran, dass für ein Gebet keine besonderen, festgelegten oder religiösen Worte notwendig sind. Das Ohr Gottes ist immer offen, um auf Gebete, die von Herzen kommen, zu antworten. Er liebt dich, und er sehnt sich danach, dich zu retten. Wenn du die Tür geöffnet und ihn hineingebeten hast, ist er jetzt „drin". Eine neue Beziehung hat begonnen. Du bist „wiedergeboren" worden. Jesus versichert uns, dass er niemanden „wegschicken" wird, der zu ihm kommt (vgl. Johannes 6,37). Eine echte Herzens-Übergabe an Gott gilt für immer. Sie steht fest für die Ewigkeit!

Das Ohr Gottes ist immer offen, um auf Gebete, die aus dem Herzen kommen, zu antworten.

Frieden und Gewissheit

Bei einigen Menschen war dieser Akt des Christ-Werdens von tiefen und unvergesslichen Gefühlen begleitet. Nachdem ich ein ähnliches Gebet gesprochen hatte, wie ich es oben aufgeschrieben habe, fühlte ich nichts. Jahrelang frustrierte mich das und es raubte mir die Freude und die Sicherheit meiner Rettung.

Andere Leute, die ich kannte, berichteten von einer besonderen Erfahrung von Wärme, Frieden oder Erleichterung, aber ich selbst fühlte gar nichts! Meine neue Beziehung zu Gott hatte wegen meiner vielen Zweifel einen langsamen Start. War ich ehrlich genug gewesen? Hatte bei meinem Bekehrungsgebet etwas gefehlt? Erst zwei oder drei Jahre später lernte ich, mich vollständig auf Gottes Versprechen zu verlassen. Gott verspricht, zu vergeben, wenn ich meine Sünde bekenne, also muss ich glauben, dass mir vergeben wurde. Jesus verspricht, hereinzukommen, wenn ich die Tür meines Herzens öffne, also entscheide ich mich, ihm zu glauben.

Gott verspricht, zu vergeben, wenn ich meine Sünde bekenne

Dem Apostel Johannes war es nicht nur wichtig, dass Menschen gerettet wurden, sondern dass sie das auch sicher wissen konnten. Er wollte, dass jeder Christ auf die Vollständigkeit des Erlösungswerks von Jesus am Kreuz von Golgatha vertrauen und dadurch den Frieden und die Sicherheit seiner Rettung genießen kann.

Jesus war ganz klar und unmissverständlich, als er erklärte, dass ein echter Christ niemals eine Verurteilung erleben wird: „Ja, ich versichere euch: Wer auf meine Botschaft hört und dem glaubt, der mich gesandt hat, der hat das ewige Leben. Auf ihn kommt keine Verurteilung mehr zu; er hat den Schritt vom Tod ins Leben schon hinter sich“ (Johannes 5,24). Johannes schrieb in seinem ersten Brief: „... damit ihr wisst, dass ihr das ewige Leben habt, denn ihr glaubt ja an Jesus als den Sohn Gottes“ (1. Johannes 5,13).

Warum ist das so wichtig? Wenn wir uns einer Beziehung sicher sind, können wir anfangen, sie zu genießen und aufzubauen. Wenn ein verheiratetes Paar sich der gegenseitigen Liebe und Hingabe sicher ist, dienen sie einer dem anderen nicht aus Angst, dass sie etwas verlieren könnten, oder nur als Mittel, um etwas zu gewinnen. Vielmehr ist ihr gegenseitiger Dienst ein Ausdruck ihrer Liebe zueinander. Auch möchte ein liebender Ehepartner nicht, dass sein/ihr Partner an ihm/ihr zweifelt, sondern ihm/ihr vertraut.

Wenn du Jesus aufgenommen hast, hast du ein neues Leben bekommen, denn Gottes Wort sagt: „Wer mit dem Sohn verbunden ist, hat das Leben. Wer nicht mit dem Sohn Gottes verbunden ist, hat das Leben nicht“ (1. Johannes 5,12). Unsere Seelen finden Frieden, wenn wir lernen, auf Gottes Versprechen zu vertrauen. Sobald wir sicher sind, dass wir in dem Flugzeug sitzen, das nach New York fliegt, können wir uns entspannen und den Flug genießen! Und vielleicht finden wir auf der Reise etwas Interessantes und Nützliches, was wir tun können!

Unsere Seelen finden Frieden, wenn wir lernen, auf Gottes Versprechen zu vertrauen.

In deinem neuen Leben wachsen

Wir haben oben schon den Glauben mit der Liebe verglichen und festgestellt, dass beides Geschenke sind und dass beide eine persönliche Entscheidung beinhalten. Vielleicht können wir diesen Vergleich noch einen Schritt weiter gehen. Um zu wachsen und zu blühen, brauchen die Liebe und der Glaube regelmäßige Pflege. Der Glaube kann wie die Liebe tiefer, wärmer und stabiler werden. Aber er kann auch schwächer und kälter werden. Ich möchte gerne unsere Zeit des gemeinsamen Nachdenkens damit beenden, dass ich fünf Tipps weitergebe, wie du deinen Glauben an Jesus Christus weiter wachsen lassen kannst:

- *1. Bete:*
  Entwickle deine Beziehung zu Gott. Sprich regelmäßig mit ihm – teile ihm deine Freuden und Sorgen, deine Träume und Sehnsüchte mit. Sünde behindert jede Beziehung, daher bekenne jede Sünde, die dir bewusst wird.

- *2. Lies die Bibel:*
  Verschaff dir Klarheit über das Objekt deines Glaubens. Kauf dir eine Bibel in einer Übersetzung, die du einfach verstehen kannst, und lies jeden Tag etwas darin – lerne Jesus besser kennen. Bitte Gott, dass er durch sein Wort zu dir spricht. Wenn Gott dir etwas sagt und du danach handelst, wird dein Glaube wachsen.

- *3. Sei Teil einer christlichen Gemeinschaft:*
  Geh dorthin, wo dein Glaube genährt wird. Engagiere dich in einer gesunden, christlichen Gemeinde – einer Gemeinschaft, in der dir geholfen werden kann und in der du anderen helfen kannst.

- *4. Diene anderen:*
  Setz deinen Glauben in die Tat um. Du bist einzigartig und Gott hat dich mit einer besonderen Kombination von Fähigkeiten geschaffen, damit du eine Ermutigung und ein Segen für andere sein kannst – sei aktiv und genieße es, Gott und anderen zu dienen.

- *5. Geh Risiken ein:*
  Geh Schritte im Glauben. Fürchte dich nicht, etwas Neues auszuprobieren. Der Glaube ist nicht nur ein Anfang, er ist ein Lebensstil. In dem Augenblick, in dem du dein Leben an Jesus Christus übergeben hast, hat der Heilige Geist seine Wohnung in dir bezogen – vertraue der Anwesenheit des Geistes in dir und seiner Fähigkeit, dich zu führen (vgl. Epheser 1,13 und Galater 5,16-18). Such bewusst nach Gottes Bestärkung in allem, was du tust.

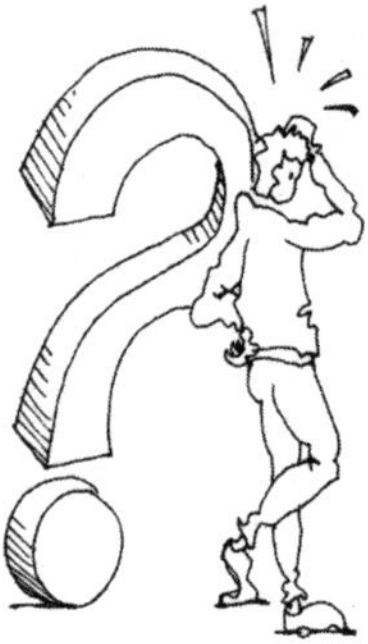

Schluss

Du hast nun das Ende dieses Buchs erreicht! Zusammen haben wir uns mit den Hinweisen auf die Existenz eines persönlichen Schöpfergottes, die Verlässlichkeit der Bibel als Gottes Offenbarung und die ultimative Selbstoffenbarung Gottes in der Person von Jesus Christus beschäftigt. Wir haben über die einzigartige Mission von Jesus nachgedacht und darüber, wie er durch seinen Tod und seine Auferstehung uns Menschen Vergebung und eine Beziehung mit Gott ermöglicht hat.

Ich habe versucht, dir mitzuteilen, wieso ich denen zustimme, die behaupten, dass der christliche Glaube ein auf zuverlässigen Belegen beruhender Glaube ist. Wir haben einige Zeit damit verbracht, die Vorteile der christlichen Weltanschauung zu untersuchen, und sind zu dem Schluss gekommen, dass sie intellektuell tragfähig und existenziell befriedigend ist.

Wir haben auch gesehen, dass Glaube nicht etwas ausschließlich Religiöses ist. Glaube und Vertrauen sind ein notwendiger Teil des normalen, menschlichen Lebens. Manchmal leben wir einen fast blinden Glauben aus, wenn wir irgendein leckeres Essen verspeisen, das jemand an der Straßenecke verkauft. Aber meistens leben wir einen begründeten Glauben, wenn wir in den Bus einsteigen, wenn wir Lebensmittel in einem anerkannten Supermarkt einkaufen, wenn wir ein neues Handy über eine „geprüfte" Website kaufen.

Wir haben vielleicht nicht immer die vollständigen Informationen, wir haben vielleicht manchmal Zweifel, und trotzdem halten wir es für vernünftig, zu vertrauen, zu handeln und zu genießen. Wir haben über einige der Belege für den christlichen Glauben nachgedacht und daraus geschlossen, dass es vernünftig ist, sich dafür zu entscheiden, Jesus Christus zu vertrauen, ihm unser Leben zu übergeben, die Türen unserer Herzen zu öffnen und ihn hereinzubitten. Das ist es, was der Herr Jesus als „wiedergeboren werden" bezeichnet.

Die Bedürfnisse deiner Seele erfüllen:

Das Evangelium begegnet einem dringenden menschlichen Bedürfnis. Trotzdem wird diese Botschaft der Rettung immer als Einladung präsentiert. Sie wird erklärt, aber nie aufgezwungen.

Wir suchen nach einem Sinn für unser Dasein. Unsere Seelen haben Durst. Jesus antwortet: „Wenn jemand Durst hat, soll er zu mir kommen und trinken!" (Johannes 7,37). Wir fühlen uns leer und suchen nach etwas, das uns

Das Evangelium ist eine Einladung. Sie wird erklärt, aber nie aufgezwungen.

wirklich befriedigt. Unsere Seelen sind hungrig nach mehr: Jesus antwortet: „Ich bin das Brot des Lebens. Wer zu mir kommt, wird nie mehr hungrig sein“ (Johannes 6,35).

Wir fühlen uns müde von den Belastungen des Lebens. Unsere Seelen suchen Ruhe: Jesus antwortet: „Kommt alle zu mir, die ihr geplagt und mit Lasten beschwert seid! Bei mir erholt ihr euch“ (Matthäus 11,28). Wir fühlen uns allein und isoliert. Unsere Seelen sehnen sich danach, verstanden und anerkannt zu werden: Jesus antwortet: „Merkst du nicht, dass ich vor der Tür stehe und anklopfe? Wer mich rufen hört und mir öffnet, zu dem gehe ich hinein und wir werden miteinander essen – ich mit ihm und er mit mir“ (Offenbarung 3,20).

Wir fühlen, dass wir gegen einen heiligen Gott gesündigt haben. Unsere Seele sucht Vergebung: Jesus antwortet: „Ich bin das Tor. Wenn jemand durch mich hineinkommt, wird er gerettet“ (Johannes 10,9). Wir fühlen uns verwirrt von so vielen verschiedenen Ideen, Philosophien und Religionen.

Unsere Seelen sehnen sich nach der Wahrheit: Jesus antwortet: „Ich bin der Weg! ... Ich bin die Wahrheit und das Leben! Zum Vater kommt man nur durch mich!“(Johannes 14,6). Ist Gott genug? Charles Stanley erklärte seine Erfahrung folgendermaßen:

„Unser himmlischer Vater versteht unsere Enttäuschung, unser Leiden, unseren Schmerz, unsere

Angst und unseren Zweifel. Er ist immer da, um unsere Herzen zu ermutigen, und hilft uns zu verstehen, dass er für all unsere Bedürfnisse genug ist. Als ich dies als eine absolute Wahrheit für mein Leben akzeptierte, stellte ich fest, dass meine Sorgen aufhörten."

Zeit für eine Entscheidung:
Manche drängt ihr tief sitzendes Gefühl der Leere oder eine Notlage dazu, sich demütig an Gott zu wenden. Andere finden, dass die christliche Botschaft sinnvoll ist und ihnen hilft, einen Sinn für ihr Leben und die Welt um sie herum zu finden. Für viele ist der Hauptgrund, warum sie das Christentum annehmen, dass es wahr ist.

Winston Churchill sagte einmal: „Die Menschen stolpern von Zeit zu Zeit über die Wahrheit, aber die meisten stehen wieder auf und rennen weiter, als ob nichts geschehen wäre." Lass das bei dir nicht passieren!

Die christliche Botschaft „funktioniert", sie ist existenziell befriedigend und intellektuell belastbar. Sie ist es wert, dass man ihr glaubt und vertraut. Aber damit sie für dich effektiv ist, musst du selbst darauf reagieren. Um „wiedergeboren" zu werden, musst du die Entscheidung treffen, deinen Widerstand gegen Gott bzw. Jesus aufzugeben. Wie wirst du auf Gottes außergewöhnliche Einladung antworten?

Viele haben schon das Leben mit einer Reise verglichen, mit Höhen und Tiefen, Kurven und geraden

Strecken, erfreulichen und unerfreulichen Überraschungen und einer gelegentlichen Weggabelung – das sind die bedeutenden Momente, die eine Entscheidung verlangen. Ich bete dafür, dass das Lesen dieser Seiten für dich entweder eine Bestätigung und Ermutigung auf deinem Weg mit Jesus ist oder dass es dich an eine dieser Kreuzungen führt. Der weitere Verlauf deines Lebens hier auf der Erde und auch dein ewiges Ziel hängen von der Entscheidung ab, die du für oder gegen Jesus Christus triffst.

Dein ewiges Ziel hängt von deiner Entscheidung für oder gegen Jesus Christus ab.

Quellenangaben

[1] C. S. Lewis, *Wunder: möglich, wahrscheinlich, undenkbar?*, Basel ; Gießen: Brunnen-Verlag, 1980.

[2] C. S. Lewis, *Is Theology Poetry?*, London: Geoffrey Bless, 1962.

[3] UN-Menschenrechtsrechtserklärung von 1948, Artikel 2 zitiert nach http://www.menschenrechtserklaerung.de/die-allgemeine-erklaerung-der-menschenrechte-3157/ (22.01.2016)

[4] *The Times*, 28. Dezember 2008.

[5] C. S. Lewis, *Wunder*.

Weitere Literatur

Bücher

Anderson, Dr. Lynn, *If I really believe, why do I have these doubts?*, Howard Book, Brentwood, 2000.

Boyd, Gregory A., *Letters from a Skeptic – A son wrestles with his father's questions about Christianity*, David C. Cook, Colorado Springs, 2008.

Keller, Timothy, *Warum Gott? Vernünftiger Glaube oder Irrlicht der Menschheit?*, Brunnen, Gießen, 2014.

Lewis, Clive Staples, *Pardon, ich bin Christ*, Brunnen, Gießen, 2014.

Lewis, Clive Staples, *Wunder*, Brunnen, Gießen, 1986.

McDowell, Josh & Sean, *Wer ist dieser Mensch?*, CLV, Bielefeld/SCM Hänssler, Neuhausen-Stuttgart, 2010.

Orr-Ewing, Amy, *Why Trust the Bible? Answers to 10 tough questions*, InterVarsity Press, Westmondt, 2005.

Orr-Ewing, Amy, *Is believing in God irrational?*, InterVarsity Press, Westmont, 2008.

Ortberg, John, *Glaube und Zweifel*, GerthMedien, Asslar, 2009.

Strobel, Lee, *Der Fall Jesus: Ein Journalist auf der Suche nach der Wahrheit*, GerthMedien, Asslar, 2014.

Webseiten

Hier findest du einige hilfreiche Informationen:

http://www.bethinking.org/
– von UCCF

http://www.theocca.org/
– The Oxford Centre for Christian apologetics

http://www.thegospelcoalition.org/

http://www.rzim.org/
– Ravi Zacharias International Ministries

Debatten und Audio-Downloads

Hier sind einige interessante christliche Redner, die man sich auf YouTube auf Englisch (John Lennox auch auf Deutsch) anhören kann. Du kannst ihre Namen in Verbindung mit Stichwörtern suchen, z. B. *Christianity, Resurrection, God, Bible* oder *Creation*. Einige von ihnen haben auch eigene Websites mit nützlichen Materialien.

- John Lennox
- Tim Keller
- Amy Orr-Ewing
- Alistair McGrath
- William Lane Craig
- Ravi Zacharias

Auf den nächsten Seiten findest du eine Auflistung mit guten Gründen für den Glauben, die du für Gespräche mit anderen Menschen kopieren und verteilen oder von der Homepage www.cv-dillenburg.de kostenlos herunterladen darfst.

Ich glaube an Gott – Zehn Gründe, die meinen christlichen Glauben stärken

Als Thomas mit den anderen Jüngern zusammentraf, sagte er: „Erst muss ich die Nagelwunden in seinen Händen sehen und mit meinen Fingern berühren und meine Hand in seine durchbohrte Seite legen. Vorher glaube ich das keinesfalls" (Joh 20,25). Braucht dein Glaube auch gute Gründe oder Beweise? Ich habe festgestellt, dass manche Leute ganz leicht zum Glauben kommen. Für andere allerdings muss es in gewisser Weise „Sinn machen", „sich richtig anfühlen" oder „irgendwie in ihre Weltsicht passen", bevor sie sich selbst dazu durchringen, zu glauben.

Normalerweise glaube ich fest an die Existenz eines guten, persönlichen Schöpfer-Gottes. Aber manchmal komme ich in Situationen, die mich ins Zweifeln bringen, zum Beispiel, wenn Gott etwas tut, womit ich nicht einverstanden bin. Wenn ich meine Zweifel habe, aber auch wenn ich nicht zweifle, finde ich, dass Gründe und Argumente meinen Glauben stärken.

Was kann man in Bezug auf Gott beweisen? Wonach suchen wir? Was können wir erwarten zu finden? Ich sehe in unserer natürlichen, physikalischen Welt die Fingerabdrücke eines mächtigen, intelligenten Wesens außerhalb unserer Welt.

- *1. Vernunft:*
  Alles in dem uns bekannten Universum hat eine Ursache. Auch das Universum selbst benötigt eine Ursache. Sogar der „Urknall", wenn er sich tatsächlich so ereignet hätte, müsste eine Ursache gehabt haben. Wir können uns entscheiden, diese erste Ursache „Gott" zu nennen.

- *2. Komplexität:*
  Unser Körper ist eine sehr komplizierte Maschine! Es ist erstaunlich, wie komplex unsere Welt ist. Es gibt darin so viele notwendige Details. Die erstaunlichen Komplexitäten, die ich in der Natur sehe, erfüllen mich mit Bewunderung und ermutigen mich, an die Existenz eines intelligenten Designers zu glauben. Wir können uns entscheiden, diesen Designer „Gott" zu nennen.

- *3. Gut und Böse:*
  Was ist gut? Was ist schlecht, falsch oder böse? Kann die Ethik einfach nur das Produkt unserer veränderlichen öffentlichen Meinung sein? Die Tatsache, dass fast alle – wenn nicht alle – Menschen ein Bewusstsein von Gut und Böse haben,

legt nahe, das Ethik und Moral über ein sozial erlerntes Verhalten hinaus gehen. Die Tatsache, dass scheinbar eine Art von Moralgesetz auf die „Festplatte“ jedes Menschen eingebrannt ist, legt die Existenz eines moralischen Gesetzgebers nahe. Wir können uns entscheiden, diesen moralischen Gesetzgeber „Gott“ zu nennen.

Es scheint mir daher vernünftig, an die Existenz einer mächtigen ersten Ursache zu glauben, an einen intelligenten Designer, einen universalen Gesetzgeber. Man kann dieses „großartige Wesen“ „Gott“ nennen oder ihm jeden anderen Namen geben. Was können wir weiter von diesem „großartigen Wesen“ entdecken? Ist es wahrscheinlich ein Ding, so wie Energie, oder eine Person, ein Wesen wie du und ich?

- *4. Logik:*
  Ich sehe eine Person als etwas, was mehr, höher und größer ist als Materie und Energie. Ich stelle auch fest, dass immer das Größere das Kleinere erschafft. Zum Beispiel erschafft ein Mensch einen Computer; ein Vogel baut ein Nest – aber niemals anders herum. Wer oder was konnte Menschen wie dich und mich erschaffen? Unser Schöpfer muss auch eine „Persönlichkeit“ besitzen, die unserer eigenen ähnlich bzw. größer als sie ist.

- *5. Schönheit:*
  Warum sehen und genießen wir so viele verschiedene Farben? Warum kann ein Sonnenuntergang so wunderschön sein? Warum besitzt unser Planet eine so große Vielfalt an Blumen? Warum haben wir so viele reizvolle Geschmacksrichtungen und Aromen? Warum gibt es Musik?

  Nicht alles in unserem Universum muss notwendigerweise existieren. Weil Schönheit ein Teil dieser Schöpfung ist, muss diese Schönheit auf die eine oder andere Weise für ihren Designer wertvoll sein. Die Wertschätzung von Schönheit ist eine Eigenschaft von „Persönlichkeit". Die Tatsache, dass so etwas wie Schönheit existiert, weist für mich darauf hin, dass Gott eine Person ist, die sie auch wertschätzen und genießen kann.

- *6. Tugenden (positives Verhalten):*
  Der Prozess, den wir Evolution nennen, ist ein völlig Wert-freier Prozess. Ein mechanistisches Universum bietet keinen Platz für Tugenden; es hat keinen Bedarf an Moral. Aber irgendetwas in uns weiß, dass Tugenden wie Liebe, Demut, Mitgefühl und Vergebung real sind. Die Existenz solcher Tugenden sagt etwas über den Schöpfer aus. Ethik und Tugenden sind Dinge, die von uns „menschlichen Personen" für wertvoll gehalten werden. Die Tatsache, dass Tugenden existieren, legt nahe, dass Gott eine Person ist, die sie auch für wertvoll hält.

Ein wichtiges Kennzeichen von „Personen" ist, dass sie den starken Wunsch haben, mit anderen zu kommunizieren. Wenn Gott eine Person ist, sollte man es nicht als unvorstellbar ansehen, dass dieser Gott den Wunsch hat, mit uns zu kommunizieren. Tatsächlich sollten wir es geradezu erwarten. Christen glauben, dass Gott viele Male mit den Menschen kommuniziert hat, und dass seine höchste Offenbarung in der Person von Jesus Christus zu uns kam. Wie hilft uns Jesus, an Gott zu glauben?

- *7. Jesus:*
  Hat eine Person mit Namen Jesus wirklich existiert? War er nur ein Mythos? Die meisten Historiker glauben genauso an einen historischen Jesus wie an Aristoteles oder Konstantin. Hat erst die Kirche Jesus zum „Gott" erhoben? Jesus selbst war offensichtlich über seine eigene Identität nicht unsicher. Er kam mit einer Mission auf diese Erde. Die Schüler (Jünger) von Jesus kamen langsam zur Überzeugung, dass Jesus Gott in menschlicher Gestalt war: „Im Anfang war das Wort. Das Wort war bei Gott, ja das Wort war Gott. ... Er, das Wort, wurde Mensch und lebte unter uns" (Joh 1,1.14). Das war der Grund, weswegen die Feinde von Jesus ihn wegen Gotteslästerung anklagten und ihn töten wollten. Das Leben und die Worte von Jesus helfen mir, an Gott zu glauben.

- *8. Die Auferstehung von Jesus:*
  Freunde und Feinde von Jesus waren sich einig, dass sein Grab leer war. Wie war es leer geworden? Die Schreiber der Evangelien sagen, dass Jesus von den Toten auferstanden ist. Alternative Erklärungen sind ziemlich schwach. Außerdem haben viele Leute Jesus nach seiner Auferstehung lebendig gesehen: „Danach erschien er mehr als 500 Brüdern auf einmal, von denen die meisten noch am Leben sind; nur einige sind schon gestorben. Danach erschien er dem Jakobus, dann allen Aposteln" (1Kor 15,6-7). Die körperliche Auferstehung von Jesus ist die Erklärung, die am besten zu den Tatsachen passt, und sie hilft mir zu glauben, dass Jesus eine echte Offenbarung Gottes war.

- *9. Positive Veränderungen:*
  In Jerusalem, der Stadt, in der Jesus gekreuzigt worden war, glaubten nur wenige Wochen nach der Auferstehung 3000 Menschen an die christliche Botschaft. Diese Explosion des Christentums und das Zeugnis von Millionen veränderten Leben, auch heute noch, sind nicht erklärbar ohne die wirkliche, körperliche Auferstehung von Jesus Christus. Dazu kommt, dass ich manchmal extrem unwahrscheinliche und anders nicht erklärbare Antworten auf Gebete erlebe. Der Gott der Bibel ist heute immer noch aktiv.

Um glauben zu können, wünschte sich Thomas einen Beweis. Der auferstandene Jesus erschien ihm und sagte: „Leg deinen Finger hier auf die Stelle und sieh dir meine Hände an! Gib deine Hand her und lege sie in meine Seite!“ War dieser Hinweis ein Beweis dafür, dass Jesus Gott war? Nein, aber er half Thomas, der dann zu ihm sagte: „Mein Herr und mein Gott!“ (Joh 20,27-28). Das sichere Wissen über seine Auferstehung half Thomas zu glauben, dass Jesus Gott war. So wie Thomas haben wir keine *Beweise* dafür, dass Gott existiert, aber *Hinweise* und Argumente, die uns helfen.

Glauben ist eine Entscheidung für oder gegen Gott. „Aber ohne Glauben ist es unmöglich, Gott zu gefallen. Wer zu Gott kommen will, muss glauben, dass es ihn gibt und dass er die belohnt, die ihn aufrichtig suchen“ (Hebr 11,6).

- *10. Der Sinn des Lebens:*
  Der Christliche Glaube ist ein rationaler Glaube. Er ist kein blinder Schritt ins Dunkle. Er macht Sinn. Er ist unseren Glauben und unser Vertrauen wert. Außerdem wirkt echtes Christsein und ist existenziell befriedigend: Es gibt mir Hoffnung, wenn ich dem Zerrissensein in dieser Welt begegne, es gibt meinem Leben Sinn und eine Richtung, und ich bin sicher, dass es mich zu einem besseren Menschen macht. Als Jesus sagte: „Ich bin gekommen, um ihnen Leben zu bringen und alles reichlich dazu“ (Joh 10,10), sagte er die Wahrheit.

Philip Nunn. Eindhoven, NL - Quelle: www.philipnunn.com
Übersetzung: Frank Schönbach, 01/2016

Hartmut Jaeger/Markus Wäsch (Hrsg.)

kurzgefasst

In der Reihe *kurzgefasst* werden zentrale Glaubensthemen kurz und bündig behandelt, und es wird versucht, das Wichtigste auf den Punkt zu bringen.

Bisher in dieser Reihe erschienen:

Jesus Christus
Best.-Nr.: 273.910
ISBN: 978-3-89436-910-1

Existiert Gott?
Best.:-Nr. 273.938
ISBN: 978-3-89436-938-5

Was bringt Religion?
Best.-Nr. 271.102
ISBN: 978-3-86353-102-7

Wo ist Gott im Leid?
Best.-Nr. 271.199
ISBN: 978-3-86353-199-7

Die Bibel
Best.-Nr.: 273.911
ISBN: 978-3-89436-911-8

Leben nach dem Tod
Best.-Nr. :273.973
ISBN: 978-3-89436-973-6

Leben – und wozu?
Best.-Nr.: 271.153
ISBN: 978-3-86353-153-9

Klaus Eickhoff

Mach mal Pause!

Wir werden mit Informationen zugeschüttet, aber was davon ist wirklich wichtig? Wir lechzen nach Geborgenheit, aber wer kann sie uns wirklich geben? Wir definieren uns über Leistung oder Spaß, aber was ist der Sinn unseres Lebens? Klaus Eickhoff lädt dazu ein, innezuhalten und aus dem Gedankenkarussell des Alltags auszusteigen. Nachzudenken darüber, was im Leben wirklich wichtig ist.

In diesem Buch geht es um grundlegende Fragen des Christentums, wie z. B.: Ist Jesus intolerant, wenn er sich als den einzigen Weg zu Gott bezeichnet? Was hat es mit dem Zorn Gottes auf sich, wenn Gott doch ein Gott der Liebe ist? Ist die Herrschaft Gottes in einer Gesellschaft, die auf Individualität und Selbstbestimmung setzt, überhaupt noch aktuell?

Taschenbuch, 80 Seiten
11 x 18 cm
Bestellnummer: 271.198
ISBN: 978-3-86353-198-0

Hartmut Jaeger

Ja, aber ...

Fragen, Einwände und Antworten zu Gott und der Welt

Der Autor gibt hier Antworten zu den verschiedensten Einwänden, die dem Suchenden auf dem Weg zu Gott Schwierigkeiten bereiten. Das Buch eignet sich nicht nur zum evangelistischen Einsatz, sondern ist auch eine Sammlung fundierter Erklärungen für den missionarisch Interessierten.

Taschenbuch., 128 Seiten
11 x 18 cm,
Best.-Nr. 273.964
ISBN: 978-3-89436-964-4